Hans Schmid
Urs A. Jaeggi

Ossola-Täler

Zwischen Nufenenpass, Lago Maggiore und Monte Rosa

52 ausgewählte Wanderungen

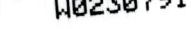

W0230791

BERGVERLAG ROTHER GMBH • MÜNCHEN

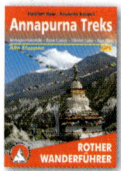

Vorwort

In einer Zeit, in der geschäftstüchtige Touristiker die Alpen mit immer mehr Events zum attraktiven Ziel für den Massentourismus machen und die Ferienorte mit einem flächendeckenden Netz von Bergbahnen überziehen, wird das Wandern in der Ossola zu einer echten Alternative. Im nördlichsten Zipfel der Region Piemont, eingebettet zwischen den Schweizer Kantonen Wallis und Tessin, ist die überwältigende Landschaft die Attraktion, und ihre vielseitige Topografie, die vom Lago di Mergozzo bis zu den Gipfeln des Monte-Rosa-Massivs einen Höhenunterschied von über 4000 Metern aufweist. Das Ereignis ist das Erwandern der Talschaften und Höhen, ihre Stille und oft auch Abgeschiedenheit. Das Innehalten und Staunen in einer oft noch ungebändigten Natur und die Begegnung mit der von ihr geprägten Menschen, deren Gastfreundschaft sprichwörtlich ist, beglückt. Die Auseinandersetzung mit der bewegten Geschichte der Region am Weg vom kalten Norden in die warmen Gefilde der Lombardei, die überall und über Jahrhunderte ihre Spuren hinterlassen hat, wird zum Erlebnis. Sie findet ihren Ausdruck auch im Aufeinandertreffen alemannischer und romanischer Kultur und ihrer starken Beeinflussung durch die Volksgruppe der Walser.

Den Autoren war es ein Anliegen, auch den Reichtum von Geschichte und Kultur im Wandergebiet, das in der Reiseliteratur kaum erwähnt wird, zu vermitteln und damit einen Beitrag zur Erhaltung seiner Ursprünglichkeit zu leisten. Dieses Ziel verfolgt ebenfalls die Ausrichtung der Wandervorschläge auf den öffentlichen Verkehr. Hans Schmid, der Autor der beiden ersten Auflagen, hat die Ossola während Jahrzehnten wandernd erkundet, ihre Vergangenheit erforscht, aber auch ihre Entwicklung aufmerksam verfolgt. Dabei gewann er zahlreiche Freunde, die viel zu seinem Wissen beitragen, von dem der Wanderführer profitiert. Seinem Wunsch gemäß ist diese 3. Auflage Berthi Schaller gewidmet. Während mehr als 20 Jahren hat sie die Ossola als Tourenleiterin und Begleiterin durchwandert. Nach dem Tod seiner Frau ist sie Hans zur liebevollen und stets hilfsbereiten Freundin geworden.

Dieser Band ist eine grundlegende Neubearbeitung mit neuen oder den veränderten Gegebenheiten angepassten Wandervorschlägen und einer Aktualisierung der Infrastruktur in öffentlichem Verkehr, Gastronomie und Unterkunftsmöglichkeiten. Er wäre ohne die Mitarbeit unserer Freunde diesseits und jenseits der Landesgrenze nicht zustande gekommen. Wir danken unseren Kameraden der Veteranengruppe des SAC Bern, besonders Mico Quaranta, für ihren Einsatz. Claudia Schmid und Jörg Frei waren für uns eine große Hilfe bei der Aufbereitung des Text- und Bildmaterials. Unseren Leserinnen und Lesern wünschen wir bei ihren Wanderungen in der Ossola viele schöne Erlebnisse und bereichernde Begegnungen.

Ittigen u. Schwanden/Sigriswil im Frühjahr 2012, Hans Schmid u. Urs A. Jaeggi

Inhaltsverzeichnis

Touristische Hinweise

Zum Gebrauch des Wanderführers

Die Wandervorschläge dieses Führers sind nach Tälern gegliedert und schließen mit der Beschreibung einer mehrtägigen Trekkingroute im südwestlichen Grenzgebiet der Ossola ab.

Bei der Tourenbeschreibung werden in der Hauptüberschrift Tour-Nummer, Wanderziel und Gehzeit angegeben, Symbole informieren darüber, ob der Ausgangs und Endpunkt mit öffentlichen Verkehrsmitteln erreichbar ist, ob es unterwegs Einkehrmöglichkeiten gibt und ob die Tour für Kinder geeignet ist. Der ausführlichen Wegbeschreibung ist eine Kurzcharakteristik mit einem Touren-Steckbrief vorangestellt. Diese wird ergänzt durch einen Kartenausschnitt mit eingezeichneter Route (im Maßstab 1:50.000 für Touren 1–41, 1:100.000 für Touren 42–52) sowie durch ein Höhenprofil. Fotos vermitteln einen Eindruck der Region. Im Stichwortverzeichnis sind die wichtigen Punkte der einzelnen Touren aufgeführt.

Anforderungen

Die meisten der vorgestellten Touren führen über gut markierte und mit Wegweisern versehene Wanderwege. Diese sind in der Ossola in der Regel aber rauer und weniger begangen als auf der Alpennordseite. Auf besondere Anforderungen wird im Touren-Steckbrief hingewiesen. Zur besseren Einschätzung des Schwierigkeitsgrades sind die Wandervorschläge in drei Kategorien eingeteilt und mit Farben gekennzeichnet, die der nachfolgend umschriebenen Anforderungskategorie entsprechen:

Leicht Wanderungen auf breiten, markierten oder von der Orientierung her unproblematischen Wegen. Sie erfordern keine Bergerfahrung und können in der Regel auch bei schlechtem Wetter gut begangen werden, sind aber keine Spaziergänge und setzen gutes Schuhwerk sowie etwas Ausdauer voraus.

Mittel Anspruchsvollere Wanderungen und leichte Bergtouren, in der Regel auf gut markierten Wegen. Sie erfordern Trittsicherheit, Orientierungsvermögen und eine gute Kondition. Exponierte Stellen sind selten und werden im Text ausdrücklich erwähnt.

Schwierig Touren auf steilen und ausgesetzten Wegen und solche, die besondere Anforderungen an das Orientierungsvermögen und die Kondition stellen. Sie setzen alpine Erfahrung voraus.

Rechts: Das Kloster San Giulio, dem im Mittelalter große Gebiete der Ossola gehörten, liegt auf einer Insel im Ortasee.

Für die Charakterisierung einzelner Passagen und der Varianten wird die Anforderungsskala des Schweizerischen Alpenclubs angewendet. T1 entspricht der Kategorie blau der dargestellten Anforderungsbewertung, T2 der Kategorie rot. T3 ist eine Zwischenstufe, T4 entspricht der Kategorie schwarz.

Weitere Hinweise zum Tourensteckbrief

Ausgangspunkt/Endpunkt:
Alle beschriebenen Touren beginnen und enden an einer Station des öffentlichen Verkehrs. Die Haltestellen der Linienbusse sind auf dem Kartenausschnitt mit einem entsprechenden Symbol bezeichnet. Auf den Wanderkarten der Swisstopo ist dies ein roter Punkt.

Höhenunterschied:
Die Angabe entspricht der Summe der zu bewältigenden Höhenmeter, Gegensteigungen und Zwischenabstiege werden also berücksichtigt.

Einkehr und Unterkunft:
Die Angaben sind Empfehlungen und erheben keinen Anspruch auf Vollständigkeit. Es werden in erster Linie Gaststätten unterwegs und Unterkunftsmöglichkeiten aufgeführt. Viele Betriebe heben die wöchentlichen Ruhetage in der Hochsaison auf.

Viele Wanderwege führen streckenweise über eine jahrhundertealte Mulattiera.

Varianten:

Bei den meisten Touren erschließen die auf dem Kartenausschnitt rot gestrichelt eingezeichneten Varianten zusätzliche Routen und Verbindungen. Wenn die Anforderungen höher als für die Hauptroute sind, werden sie formuliert. Kurze Varianten werden nicht beschrieben.

Kartenausschnitt:

Es sind die Höhenangaben der Swisstopo-Karten übernommen worden. Neben der beschriebenen Route sind weitere begehbare Wege eingezeichnet (schwarz gestrichelt). Bei einigen Touren muss auch der Kartenausschnitt einer benachbarten Tour herangezogen werden. Ein entsprechender Hinweis gibt darüber Auskunft.

Höhenprofil:

Das Profil ist vereinfacht dargestellt und gibt nur beträchtliche Gegensteigungen und Zwischenabstiege wieder. Die angegebenen Gehzeiten sind Richtzeiten und schließen Pausen nicht ein. Sie gehen von einer Stundenleistung von 4 km auf ebener Strecke sowie von 300–350 Höhenmetern im Aufstieg und 550–600 m im Abstieg aus.

Symbole

mit Bahn/Bus erreichbar		Bus- bzw. Bahnanschluss	
Einkehrmöglichkeit unterwegs		Sessellift bzw. Seilbahn	
für Kinder geeignet		Abzweig	
Ort mit Einkehrmöglichkeit		Gipfel	
Einkehrmöglichkeit		Pass, Sattel. Joch	
unbewirtschaftete Hütte, Biwak		Kirche, Kapelle,	
eingerichteter Parkplatz		Aussichtsplatz	

Wandern in den Ossola-Tälern

Zwischen 195 m und 4634 m Höhe

Unser Wandergebiet ist der nördlichste Zipfel der italienischen Region Piemont, der wie ein Keil zwischen dem schweizerischen Kanton Wallis, dem Gotthardmassiv und dem Kanton Tessin eingebettet liegt. Seine Eckpunkte sind der noch auf schweizerischem Boden liegende Nufenenpass, der Monte Rosa und der nördlich des Lago Maggiore stehende Granitklotz des Montorfano. Es gehört zur Provinz VCO, die sich aus den drei Gebieten Verbano (westliches Ufer des Lago Maggiore), Cusio (Lago d'Orta und Umgebung) und Ossola zusammensetzt. Mit Ausnahme des nach Locarno führenden Valle Vigezzo enden alle Täler zu Füßen von Drei- und Viertausendern, aber nicht am Ende der Welt. Mehr als zwei Dutzend Pässe führen in die Ossola und wurden jahrhundertelang von Händlern, Soldaten und Pilgern begangen. Der Höhenunterschied von 4439 m zwischen der Mündung der Tosa in den Lago Maggiore und der Dufourspitze des Monte Rosa, die kaum 40 km auseinanderliegen, schafft die Voraussetzungen für sehr kontrastreiche Wanderungen. Entsprechend unterschiedlich präsentiert sich die Topografie der Ossola: Sehr enge und wasserreiche Seitentäler neben dem breiten unteren Tosatal und dem offenen Valle Vigezzo. Unter den vorgeschlagenen Routen sind einige vielbegangene, manche führen hingegen in die Einsamkeit. Mehrere verlaufen im Angesicht der Gletscher, und die Pässe des Grenz-Trekkings überschreiten die Waldgrenze deutlich. Die meisten Wanderungen jedoch liegen im Bereich von Alpsiedlungen und benützen oft jahrhundertealte Wege. Schließlich enthält diese Neuauflage auch mehrere leichte Wanderungen ab gut erreichbaren Ausgangsorten.

Eine Kulturlandschaft und ihre Menschen

Obwohl man in den Kunstführern über Oberitalien meist nur wenige Zeilen über die Ossola findet, ist sie reich an Kulturschätzen. Diese liegen in der kontrastreichen Natur, in den Zeugnissen der wechselvollen Geschichte und vor allem in den Erzeugnissen einer arbeitsamen und kunstfertigen Bevölkerung. Es ist wohl kein Zufall, dass die Ossola schon früh das Ziel von Naturforschern, Künstlern und Literaten war. Die häufig wechselnden Landesherren haben neben architektonischen Zeugnissen auch vielfältige Traditionen hinterlassen. Auch in kleinen Dörfern findet der aufmerksame Beobachter Kleinode ländlicher Architektur und Handwerkskunst. Wir treffen auf viele Anzeichen der »transumanza«, der Kultur der Wanderviehhaltung, die bis Mitte des letzten Jahrhunderts die traditionelle Lebensform in den Tälern war. Nach festen Regeln wechselten die Bewohner im Jahresverlauf den Arbeitsort zwischen Dorf, Maiensässen (monti, corti) und Alpen. Wir staunen über den Fleiß und das Können der Erbauer der noch heute begangenen Verbindungswege, der steinbesetzten »mulattiera« (Maultierweg) zwischen den Dorfteilen und zu den Maiensässen und der wettersicher angelegten »strà di vacch« (strada delle vacche, Viehweg) zu den höher gelegenen Alpen.

Der Ossolaner ist ein traditionsbewusster Mensch, als Bewohner einer Grenz- und Transitregion aber auch anpassungsfähig und kontaktbereit. Außerhalb der größeren Orte tönt dem Fremden auf den Wegen ein freundliches »Buon giorno« oder »Salve« entgegen. Der Wanderer trifft auf hilfsbereite Einheimische und eine gute Aufnahme in den meist kleinen Hotels und Restaurants. Diese haben sich in den letzten Jahrzehnten zu geschätzten Erholungsorten entwickelt. Wandern hat in der Ossola noch keine lange Tradition, doch die Gastbetriebe gehen gerne auf die Bedürfnisse der neuen Kundengruppe ein.

Ein Blick zurück

Die Geschichte der Ossola ist geprägt durch ihre Lage als Durchgangsland. Archäologische Funde bezeugen einen Warentransit zwischen Nord und Süd schon in vorchristlicher Zeit. Zu Beginn unserer Zeitrechnung lebte dort der Stamm der Lepontier, auf ihn folgten Römer, Ostgoten und Langobarden. Später kämpften Adelsgeschlechter und Klöster um die Vorherrschaft an der wichtigen Handelsroute. Für das Pomatt, das Anzascatal und die untere Ossola war die Einwanderung der Walser im 13. Jahrhundert von großer Bedeutung. Nicht nur Händler und Pilger überschritten die Pässe zur Ossola, sondern auch fremde Heere im Kampf um die strategisch wichtigen Wege.

Drei-Hütten-Tour im Grenzland zur Schweiz

Anspruchsvolle Route in der großartigen Landschaft der Tosaquelle mit Überquerung der Zunge des Gemsgletschers. Zugleich ein besonderes Hüttenerlebnis und Kontakt mit einem kreativen Hilfswerk (Tour 2, 7.00 Std.).

Alta Formazza, Passo di Nefelgiù

Der große Rundweg um die Walsersiedlung Pomatt bietet eine Fülle verschiedenartiger Naturerlebnisse. Das eindrückliche Teilstück des Aufstieges neben dem Tosafall stellt keine besonderen Anforderungen und ist durch den öffentlichen Verkehr erschlossen (Tour 4, 8.30 Std.).

Salecchio/Saley

Die Tour durch die Ortsteile der legendären Walsersiedlung ist ein Weg durch 700 Jahre Geschichte. Sie ist landschaftlich sehr vielseitig und bietet großartige Ausblicke (Tour 6, 4.40 Std.).

Montecrestese und seine Ortsteile

Geruhsame Wanderung duch kleine Dörfer am Hang über der Tosaebene. Gute und aussichtsreiche Wege führen durch eine ursprüngliche Landschaft mit Kleinoden ländlicher Kultur und Architektur (Tour 9, 3.15 Std.).

Madonna di Lut und Capraga

Der Rundweg mit schattigem Aufstieg zur Kapelle von Lut und Traversierung nach Capraga vermittelt vielfältige Ausblicke auf die Untere Ossola und eindrückliche Dorfbilder im Abstieg (Tour 14, 6.00 Std.).

Naturpark Devero

Landschaftlich interessanter Aufstieg zu den weiten Alpweiden des Naturparks, wo der Wanderer eine Blumenpracht und anmutige Siedlungen mit Einkehrmöglichkeiten trifft. Hin- und Rückfahrt mit Kleinbus möglich (Tour 17, 6.20 Std.).

Rifugio Gattascosa und Passo di Oriaccia

Rundtour durch das Alto Bognanco über weite Alpen zur Schweizer Grenze mit Blick zu den Walliser Viertausendern. Der Rückweg erfolgt über alpines Gelände (Tour 23, 11.00 Std.).

Strada Antronesca

Angenehm ansteigender Weg durch schöne Dörfer auf den Spuren des ehemaligen Passweges zwischen dem Saastal und der Lombardei. Eine Begegnung mit Geschichte und Kultur des touristisch wenig entwickelten Tales (Tour 26, 6.00 Std.).

Rifugio Zamboni-Zappa

Der Aufstieg zur gastlichen Hütte unterhalb der 2000 m hohen Ostwand des Monte Rosa ist ein besonderes Erlebnis. Der Abstieg erfolgt über den immer noch lebendigen Belvedere-Gletscher (Tour 34, 5.15 Std.).

Monte-Moro-Pass

Spektakuläre Bergwanderung über den einst wichtigen Passweg, der das Saasertal im Wallis mit dem Anzascatal verbindet. Kaum vorstellbar, dass über den z. T. in Felsplatten gehauenen Weg nicht nur Waren transportiert, sondern auch Vieh getrieben wurde (Tour 51, 6.45 Std.).

Links: Gedenkgottesdienst für gefallene Partisanen auf der Colma.

Berthi und Hans: 20 Jahre Wandern in den Ossla-Tälern.

Im ausgehenden Mittelalter besetzten so auch Walliser und Innerschweizer Truppen in mehreren Anläufen Teile der Ossola. Während der spanischen Herrschaft zwischen 1535 und 1714 leisteten viele Ossolaner Kriegsdienste für die Landesherren, was vielfältige und dauerhafte Veränderungen in ihrer Heimat nach sich zog. Nach vorübergehender österreichischer Besetzung ging das Gebiet westlich des Lago Maggiore 1743 an das Königreich Savoyen über. Es wurde deshalb bei der Einigung Italiens der Region Piemont zugeschlagen, obwohl es wirtschaftlich und geografisch der Lombardei näher steht.

Der Wanderer trifft in der Unteren Ossola und im Val Grande auf Spuren militärischer Anlagen und vor allem auf gut angelegte Wege in hohen Regionen. Sie gehören zur »Linea Cadorna«, einer nach dem italienischen Generalstabschef benannten Verteidigungslinie. Diese wurde im Ersten Weltkrieg von den Elitetruppen der Alpini aufgrund der Annahme erstellt, die deutsch-österreichischen Truppen könnten versuchen, durch die Schweiz zu marschieren und in den Rücken der erstarrten Front im Raum Dolomiten – Venedig gelangen. Auch die Ereignisse des Partisanenkrieges zwischen 1943 und 1945 haben ihre Spuren hinterlassen. Ältere Menschen erzählen, wie sie im Herbst 1944 die 40 Tage der »Freien Republik Ossola« erlebten und nach dem erneuten Einmarsch der Besatzungstruppen aus Angst vor Vergeltungsmaßnahmen mit 35.000 Schicksalsgenossen flohen und in der Schweiz Aufnahme fanden. Namen von Straßen und Plätzen erinnern an diese Ereignisse und an die Märtyrer der »Resistenza«. An manchen Punkten unserer Wanderungen finden wir Wegkapellen oder Inschriften, die den beidseitig mit großer Härte geführten Kampf ins Gedächtnis zurückrufen. Die »Casa della Resistenza« in Fondotoce bewahrt die Erinnerung an diese Zeit (www.casadellaresistenza.it).

Schließlich lohnt sich auch ein Rückblick auf die touristische Entwicklung der Ossola. Zwar waren die Bewohner der höheren Regionen seit jeher als Wegebauer, Säumer oder Gastwirte tätig, einen Durchbruch schaffte aber erst der Genfer Naturforscher Horace Bénédict de Saussure vor 200 Jahren. Mit den

Reisen durch die Ossola und der Veröffentlichung seiner Erlebnisse im Buch »Voyage dans les Alpes« begeisterte er die intellektuelle Elite Europas und weckte das Interesse für diese Landschaft. In der bald einsetzenden Periode der Erstbesteigungen wetteiferten die Bergführer von Macugnaga mit den Kollegen aus Zermatt um den Erfolg am Monte Rosa, und der Ort wurde zum Mekka der europäischen Alpinisten. 1925 gab es dort sieben Hotels und 400 Betten. Zur gleichen Zeit entwickelte sich das Pomatt zu einem Wintersportplatz und lag in einer von Sestriere angeführten Rangliste der italienischen Destinationen auf Platz 7, vor Madonna di Campiglio und Cortina d'Ampezzo. Besonders gefördert wurde der Skitourismus, und das Tal wurde zur Wiege des italienischen Langlaufsports. 1936 gewann eine aus Pomattern zusammengesetzte Mannschaft an den Olympischen Winterspielen von Garmisch-Partenkirchen die Goldmedaille im Militärpatrouillenlauf – der Urform des heutigen Biathlons – vor den favorisierten nordischen Nationen. In der Folge wurden zahlreiche Berggasthöfe und Alpenclubhütten erbaut, aber es entstanden in der Ossola keine großen Wintersportzentren. Die Gastwirte konzentrierten sich auf den eher kleinen Kreis von Alpinisten und vor allem auf die »Villegiatura« (Sommerfrische) mit Gästen aus den oberitalienischen Städten. Da eine entsprechende Dachorganisation fehlte, unterblieben lange Zeit der Bau und Unterhalt von Wanderwegen, vor allem in tieferen Regionen. Erst die Initiative der regionalen Alpenclubs brachte den Ossolatälern kurz vor der Jahrtausendwende ein beeindruckendes Netz von Wanderwegen.

Pflanzen- und Tierwelt

Die außerordentlichen Höhenunterschiede innerhalb des Gebietes bescheren dem Wanderer das gesamte Spektrum der voralpinen und alpinen Flora. Hinzu kommen in tieferer Lage oft kaum bekannte mediterrane Pflanzenarten. Ab Februar blühen in den Gärten der Tosaebene und der Unteren Ossola Mimosen, Kamelien und Magnolien, während im Norden die Natur noch zu schlafen scheint. Aber auch die Flora der Wiesen und Alpweiden erwacht früher. Manches Naturschauspiel, wie das Sprießen der Soldanellen neben dem schmelzenden Schnee, kann je nach Höhenlage über Wochen bewundert werden.

Die Frühlingsküchenschelle (Pulsatilla Vernalis), die nach der Schneeschmelze an den Hängen des Moncucco erblüht.

Ginsterblüte im Valle Vigezzo.

Anfang Sommer findet man in den Alpwiesen vielerorts Feuerlilien und Türkenbund. Besondere Höhepunkte der reichen Florapalette sind etwa die Hänge voll Schwefelanemonen und Enziane auf der Alpe Devero, die von Maiglöckchen übersäten Wiesen des Lusentino, im April/Mai das leuchtende Gelb der Ginster im Vigezzotal oder der betörende Duft der blühenden Kastanienwälder im Bognancotal. Pilz- und Beerenliebhaber kommen hier auf ihre Rechnung; das Sammeln von Pilzen ist aber in den meisten Gemeinden gebührenpflichtig. Nicht wegzudenken aus dem Bild der Ossola sind die großflächigen und dichten Wälder, die dem Wanderer Schatten spenden, manchmal aber auch die Orientierung erschweren. In den tieferen Lagen kommen vor allem Kastanienbäume, Eichen und Birken vor, weiter oben folgen Buchen und Tannenwälder, und schließlich gelangen wir ins Reich der Lärchen.

Die Tierwelt der Ossola wirkt auf den ersten Blick eher arm, aber dem aufmerksamen Beobachter bietet sich eine Vielzahl von Entdeckungen. Von den bekannten Alpentieren sind die Gämsen in mittleren und höheren Regionen häufig anzutreffen. Wer den Vergleich mit dem Engadin zieht, vermisst allerdings das Schauspiel großer weidender Tiergruppen. Der Hirsch ist vor allem im Antrona- und Bognancotal an der Grenze zum Kanton Wallis beheimatet, während man Steinböcke eher selten in den höheren Regionen des Grenzkamms zur Schweiz erspäht. Dort ist auch das Reich der Murmeltiere. Das Wildschwein war lange Zeit in der Ossola ausgerottet, aber seit einigen Jahrzehnten trifft man seine Wühlspuren auf verlassenen Alpen und gelegentlich auch in der Nähe von Siedlungen. Mit der Schaffung der Naturparks Val Grande und Veglia Devero haben der italienische Staat und die Region Piemont wichtige Schritte zur Erhaltung einer vielfältigen Tierwelt getan.

Anreise

Öffentlicher Verkehr: Mit den internationalen Zügen von Basel – Bern oder Genf über Brig nach Domodossola, von Süden ab Milano via Stresa und Verbania – Pallanza oder von Novara über den Ortasee. Von Locarno landschaftlich reizvolle Fahrt mit der Schmalspurbahn durch die Centovalli und das Valle Vigezzo nach Domodossola. Einige Kurse der Postautolinie ab Brig über den Simplonpass fahren bis Domodossola. Busverkehr in die Täler siehe »Öffentlicher Verkehr«.

Auto: Ab Brig über den Simplonpass, von Milano oder Novara auf der richtungsgetrennten Schnellstraße SS 33 (Superstrada) nach Domodossola. Vom Kanton Tessin via Centovalli – Valle Vigezzo nach Domodossola. Eine interessante Anreise führt von Cannobio am Lago Maggiore über das Valle Vigezzo in die Ossola. Die Ausgangspunkte der Touren sind mit einem mittelgroßen Reisebus erreichbar.

Flugzeug: Täglich mehrere Kleinbusverbindungen (Alibus) zwischen dem Flughafen Milano Malpensa und Domodossola. Platzreservierung erforderlich, Tel. 0324 240333, E-Mail-Adresse: comazzidomo@legalmail.it)

Auskunft

ENIT (ital. Tourismuszentrale):
- D-60325 Frankfurt/Main, Barckhausstr. 10, Tel. 0049 69 237069, frankfurt@enit.it
- CH-8001 Zürich, Uraniastr. 32, Tel. 0041 43 4664040, zurich@enit.it
- A-1010 Wien, Kärntner Ring 4, Tel. 0043 1 5051639, vienna@enit.it

Provinz VCO:
- I-28838 Stresa, Corso Italia 18, Ente Turismo, Tel. 0323 30416, infoturismo@distrettolaghi.it, www.distrettolaghi.it

Ossola und Stadt Domodossola:
- I-28845 Domodossola, Piazza Rovereto 2/4 (neben Municipio/Rathaus), Pro Domodossola, Tel. 0324 248265, info@prodomodossola.it, www.prodomodossola.it
- I-28845 Domodossola, Via Romita 13 bis, Comunità Montana Valli dell' Ossola, Tel. 0324 226611, info@cmvo.it, www.cmvo.it
- www.ossola.com

Einzelne Täler und Gemeinden:
- I-28863 Ponte Formazza, Tel. 0324 63059, prolocoformazza@libero.it, www.valformazza.it

Auch auf der Südseite der Alpen kann im Frühsommer auf den Pässen noch Schnee liegen: Abstieg vom Andollapass nach Zwischbergen.

- I-228862 Crodo/ Bagni, Tel. 0324 600005, iataltaossola@libero.it
- I-28842 Bognanco Fonti, Piazzale Giannini, Tel. 0324 234127, atvb@valbognanco.com, www.valbognanco.com
- I-28876 Macugnaga, Piazza Municipio, Tel. 0324 65119, iat@comune.macugnaga.vb.it, www.comune.macugnaga.vb.it
- I-28857 Santa Maria Maggiore, Tel. 0324 95091, info@comune.santamariamaggiore.vb.it, www.comune.santamariamaggiore.vb.it
- Valle Antrona: www.valleantrona.com

Die meisten Gemeinden haben eine nach gleichem Muster aufgebaute Internetseite (ital. sito): www.comune.xxx.vb.it. Informationen zu Gaststätten sind dort unter »Strutture Ricettive« oder »Ospitalità« aufgeführt.

Öffentlicher Verkehr:
- Fahrplanangebot der ganzen Provinz VCO: www.vcoinbus.it
- Trenitalia: Call Center Tel. 06 68475475, Tel. 892021 (nur ab Festnetz in Italien), www.trenitalia.com
- SBB: Bahnauskunft, auch über die Ossola, ab Italien Tel. 0041 900300300, www.sbb.ch
- SSIF Vigezzobahn, Tel. 0324 242055, www.vigezzina.com
- Autotrasporti Comazzi: Tel. 0324 240333 (Taste 2 nach automatischer Begrüßung), www.comazzibus.com
- Autotrasporti VCO Verbania: Tel. 0323 518701, www.vcotrasporti.it
- PostAuto Schweiz Region Wallis, Tel. 0041 58 3869910, www.postauto.ch

Ausrüstung

Für »blaue« Touren genügt eine leichtere Fußbekleidung, sonst feste Wanderschuhe mit Profilsohle, wetterfeste Kleidung (auch im Sommer sind lange Hosen empfehlenswert), Sonnenbrille, Sonnencreme, genügend Proviant und Getränke sowie eine kleine Notfallapotheke. Wegen der oft steilen und rauen Wege werden Wanderstöcke empfohlen. Bei anspruchsvolleren Touren sind Kompass, Höhenmesser, GPS und Wanderkarten wertvoll.

Beste Wanderzeit

Die topografische und klimatische Vielfalt des Wandergebietes schafft sehr unterschiedliche Bedingungen. In tieferen Lagen können Talwanderungen bei günstiger Witterung während des ganzen Jahres unternommen werden und vermitteln in der Vegetationspause besondere Erlebnisse. Zu beachten sind allenfalls vereiste Bachübergänge. Von den gleichen Touren ist während der heißen Monate eher abzuraten. In mittleren Lagen setzt die Schneeschmelze in der Regel deutlich früher ein als nördlich der Alpen. Dazu ist zu bemerken, dass es in den letzten Jahrzehnten südlich der Alpen häufig im März/April nochmals starke Schneefälle gab. Touren auf über 2000 m Höhe sind in der Regel erst ab Juli zu empfehlen; im Zweifelsfalle lohnt sich eine Rückfrage in einer nahe gelegenen Alpenclubhütte. Zwischen Mitte Juli und 20. August sind vor allem Hotels meist stark belegt. Den »Ferragosto« (um Mitte August) verbringen viele Italiener in ihren Heimatdörfern und auf den Alpen ihrer Vorfahren.

Camping

Campingplätze befinden sich in Antronapiana, Bognanco, Craveggia, Crodo, Formazza, Macugnaga, Mergozzo, Santa Maria Maggiore, Vanzone, Verbania, sowie auf Alpe Devero und Alpe Veglia. Das Informationsbüro Domodossola stellt ein Verzeichnis zur Verfügung.

Einkehr und Unterkunft

Übersicht über die verschiedenen Arten der Beherbergungsbetriebe:
- Albergo, Locanda: Meist kleinere Hotels und Gasthöfe mit landestypischer Küche.
- Ristorante, Trattoria, Osteria, Pizzeria: Restaurants, in der Regel Familienbetriebe.
- Circolo: Ehemaliger Treffpunkt der Gewerkschaften, heute oft einzige Dorfwirtschaft. Getränke und einfache Mahlzeiten, vielfach eingeschränkte Öffnungszeiten.
- Agriturismo: Unterkunft auf Bauernhof oder Alp, Küche mit eigenen Produkten.
- Bed & Breakfast (B+B): Zimmer mit Frühstück in Privathaus.
- Rifugio: Berghütte des Italienischen Alpenclubs (CAI), vereinzelt auch privater Organisationen. In Bergregionen meist nur zu Fuß erreichbar. In der

Regel ab Mitte Juni bis Mitte September bewartet, in tieferen Lagen länger. Neben größeren Schlafräumen oft auch Zweierzimmer, gutes Speiseangebot. Im Konzept vergleichbar mit deutschen oder österreichischen Alpenvereinshütten. Vereinzelte Rifugi sind geschlossen, Schlüssel für Selbstversorger beim Besitzer erhältlich.

- Bivacco: Einfache Unterkunft für Selbstversorger, immer offen und meist in hochalpinem Gelände, in der Regel nur wenige Schlafplätze. Guter Schlafsack erforderlich. Mitbringen von Holz empfohlen.
- Campeggio: Meist bewarteter Campingplatz.

Feiertage (Giorni festivi) in Italien

1. Januar (Capodanno/Neujahr), 6. Januar (Epifania/Dreikönigstag), Pasqua/ Ostern, Lunedì di Pasqua/Ostermontag, 25. April (Anniversario della Liberazione/Gedenktag der Befreiung 1945), 1. Mai (Festa del Lavoro/Tag der Arbeit), Pentecoste/Pfingstsonntag, 2. Juni (Fondazione della Repubblica/Gründung der Republik), 15. August (Assunzione di Maria/Maria Himmelfahrt). An diesem Fest und an den Tagen vor- und nachher wird der traditionelle »Ferragosto« gefeiert, während dem viele Geschäfte geschlossen und die meisten Menschen unterwegs sind. 1. November (Ognissanti/Allerheiligen), 8. Dezember (Festa dell' Immacolata/Maria Empfängnis), 25./26. Dezember (Natale/Weihnachten).

Gastronomie

Die Ossolaner Küche ist eine »cucina piemontese«, angereichert mit regionalen Gerichten. Mit wenigen Ausnahmen widerspiegeln die Menükarten der Hotels und Restaurants die klassische Abfolge 1° (primo) Piatto, 2° (secondo) Piatto, Dolce (Dessert), abends oft mit vorgelagertem Antipasto (kalte Vorspeise). In den meisten Gaststätten wird aber dem Touristen mittags auf Wunsch auch nur ein erster Gang (z. B. Teigwaren, Risotto, Gemüsesuppe) serviert. Von den zahlreichen regionalen Spezialitäten sind manche ehemalige »Resteverwertungsspeisen«, so die Polenta concia

Die Andollahütte, ein Rifugio des italienischen Alpenvereins CAI.

(mit Fleisch-, Käse- und Gemüsestücken) oder die aus der Gegend von Novara stammende Reis-Variante Paniscia. Die hier häufig vorkommende Kastanie, das »Brot der Armen«, ersetzte früher in manchen Speisen das Mehl, so auch in der heutigen Spezialität der Gnocchi all'Ossolana. An den Wochenenden des Monats Oktober findet vielerorts die traditionelle

Die Polenta schmeckt am besten im Freien, wie hier auf Alpe Prer.

»Castagnata« statt, wo auf dem Dorfplatz oder im Beizli in froher Gemeinschaft die am offenen Feuer gebratenen Kastanien verspeist werden. Beliebt sind Eintopfgerichte (piatto unico) mit einheimischem Fleisch, z. B. die Cazzola im Valle Vigezzo, die Cuchela (Schweinsrippenstücke mit Speck und Gemüse) im Valle Divedro oder die Trippa in umido con fagioli (Kutteln mit Tomatenpüree und Bohnen). Walser-Spezialitäten, die oftmals Ähnlichkeiten mit Gerichten aus den deutschschweizerischen Alpentälern aufweisen, findet man im Pomatt und in Macugnaga. In den Hotels ist das traditionelle italienische Frühstück mit schwarzem Kaffee und Süßgebäck nur noch besonderen Gästen vorbehalten und hat einem einfachen Buffet Platz gemacht.

Auf den Getränkekarten der Ossola stehen vor allem Weine aus dem Piemont. Der offene Hauswein (vino sciolto, vino della casa) ist meistens ein Barbera oder stammt aus dem nahen Novarese. In den letzten Jahren hat die während Jahrhunderten angebaute widerstandsfähige Traubensorte Prunent, die als wenig ertragreich am Aussterben war, eine Wiederauferstehung erlebt. Der Wein liegt heute in den Regalen der besten Restaurants. Von den Branntweinen ist der aus der Artemisia Glacialis hergestellte Genepy sehr bekannt, aber auch der Grappa mit Enzian (genziana), Kamillen (camomilla) oder Heidelbeeren (mirtilli) schmeichelt dem Gaumen. Obwohl es einheimisches Bier gibt, stehen auf den Getränkekarten meistens teure internationale Marken.

Die Ossolaner Alpwirtschaft produziert viele bekannte Käsesorten, allen voran den im obersten Pomatt auf 2000 m Höhe hergestellten Bettelmatt. In Anlehnung an alte Traditionen wird an manchen Orten wieder dunkles Roggenbrot gebacken. Besonders bekannt ist das »pan negar« (pane nero, Schwarzbrot) aus Coimo im Valle Vigezzo, von dem auch eine Variante mit Trauben existiert. Schließlich darf noch auf die vielen lokalen »dolci« (Süßspeisen und Backwaren) hingewiesen werden.

Gefahren

Die größten Gefahren im Wandergebiet sind saison- und witterungsbedingt. So liegt im Frühsommer und gelegentlich auch im Spätherbst unerwartet gefrorener Schnee in schattigen Gräben, und Bachläufe können vereist sein. Bei Schneeschmelze oder starken Niederschlägen schwellen Bäche an und machen Wege unpassierbar. Diesen Gefahren kann mit guter Planung und Beachtung der Naturereignisse begegnet werden. Vorsicht erfordern in Wäldern die oft behelfsmäßig eingerichteten Materialseilbahnen; in der Regel sind Warntafeln »Attenzione al filo« oder »Teleferica« angebracht. Auch wenn der Wanderer gelegentlich eine Viper zu Gesicht bekommt und Einheimische warnen, sind Schlangenbisse sehr selten. Diese Tiere flüchten vor herannahenden Menschen. Wichtig ist, dass man sich nicht unbesehen auf Steine und Gemäuer oder zwischen Sträucher setzt.

Literatur/Wanderführer

Während über die Tourismusregion Lago Maggiore mehrere Publikationen in deutscher Sprache bestehen, gab es bis vor Kurzem außer den früheren Auflagen dieses Wanderführers für die Ossola nichts Entsprechendes. Das im Rotpunktverlag herausgegebene Buch »Nationalpark Val Grande« von Bernhard Herold Thelesklaf stellt vor allem Trekking-Routen im Nationalpark vor, berührt aber auch dessen Randgebiete und vermittelt Interessantes über die Ossola. Im Führer »Grande Traversata delle Alpi GTA/Der Norden«, Rotpunktverlag, 6. Auflage 2011, beschreibt Werner Bätzing nach einer sehr informativen Einführung die im Gebiet der Ossola liegenden Etappen dieses Weitwanderweges. 2011 ist ein weiterer GTA-Führer von Iris Kürschner und Dieter Haas im Bergverlag Rother erschienen. Zu erwähnen sind die Rother Wanderführer »Lago Maggiore« von Jochen Schmidt und »Piemont Nord« von Iris Kürschner, deren Gebiete im Osten und Süden an die Ossola grenzen. Grenznahe Touren sind auch in den Wander- und Alpenclubführern der Kantone Wallis und Tessin enthalten. In italienischer Sprache ist das literarische Angebot bedeutend reicher. So hat der Verlag Grossi in Domodossola ein gutes Dutzend Wanderbücher über die einzelnen Täler der Ossola herausgegeben. Seine Buchhandlung an der Piazza del Mercato ist eine Fundgrube für Wanderliteratur und Karten, aber auch für Geschichte und Kultur der Täler. Eine besonders interessante Publikation ist das Buch »Andar per laghi« von Tullio Bagnati/Giancarlo Martini, von dem auch eine deutsche Übersetzung »Wanderziel: alpine Seen« vorliegt (Tararà Edizioni Verbania 2003/2005). Es beschreibt 96 Wanderungen zu Seen zwischen Lago Maggiore und Simplon mit vielen botanischen und geologischen Zusatzinformationen.

National- und Naturparks

- Parco Nazionale Val Grande, Piazza Pretorio 6, 28805 Vogogna (VB), Tel. 0324 87540, www.parcovalgrande.it

- Ente di Gestione delle Aree Protette dell' Ossola, Viale Pieri 27, 28868 Varzo (VB), Tel. 0324 72572, www.parcovegliadevero.it
- Parco Naturale Alta Valsesia, Corso Roma 35, 13019 Varallo (VC), Tel. 0163 54680, www.parcoaltavalsesia.it

Notruf/Bergrettung

Die Maßnahmen zur Vermeidung von Notsituationen beginnen bereits vor einer Tour (gute Planung, geeignete Ausrüstung, realistische Selbsteinschätzung, Kenntnis der Wetterlage, größere Touren nicht allein unternehmen) und setzen sich am Wandertag fort (Angabe der Route und des Ziels am Ausgangsort, ev. Vereinbarung eines Rückrufs bei Ankunft, ausreichende Nahrung und Getränke, ev. vorsorgliche Telefonkontakte während der Tour, im Zweifelsfall Rückkehr auf dem gleichen Weg, bei Orientierungsverlust und vermuteter Suchaktion auf begangenem Weg bleiben). Das Mittragen eines Mobiltelefons (cellulare oder telefonino) ist eine wertvolle Hilfe, kann aber auch eine trügerische Sicherheit vermitteln. Oft kann es in kritischen Situationen nicht mehr gehandhabt werden, und in den engen Ossola-Tälern gibt es trotz allgemein guter Versorgung mit Antennen immer wieder »blinde Zonen« ohne Empfang.

Die italienische Notrufzentrale (Emergenza Sanitaria) ist durchgehend bedient. Der Anruf auf Telefon Nr. 118 (ohne Vorwahlnummer) ist kostenlos, und die Zentrale löst die geeigneten Maßnahmen aus, z. B. eine Bergrettung (soccorso alpino) oder den Einsatz eines Helikopters (elicottero).

In der gesamten Ossola ist der ärztliche Notfalldienst (Guardia Medica) über die »grüne« Telefonnummer 800 448118 gratis erreichbar.

Die Telefonnummer des Spitals Domodossola lautet 0039 0324 4911, die des Polizei-Notrufs 112.

Auch auf gut unterhaltenen Bergwegen ist Aufmerksamkeit erforderlich: Aufstieg zum Moro-Pass.

Öffentlicher Verkehr

Die Angebote des öffentlichen Verkehrs in unserem Wandergebiet sind recht vielfältig, auch wenn dieser noch nicht den angestrebten Stellenwert hat und eine bessere Koordination erwünscht wäre. Domodossola ist Grenzbahnhof mit Halt aller Züge zwischen Brig und Milano, nach Süden gibt es Regional- und Schnellzüge. Mit wenigen Ausnahmen werden die Stationen zwischen Brig und Domodossola nicht von durchgehenden Zügen bedient. Von Brig nach Iselle benützt man den Autozug (nördlicher Unterführungsausgang, Gleis 90 ca. 8 Min.), auf italienischem Gebiet besteht ein Busbetrieb zwischen dem Bus- bahnhof Domodossola und Iselle mit Anschluss an die Autozüge. Vom unterir- dischen Bahnhof Domodossola aus fährt die »Vigezzina« genannte und von der Società Subalpina di Imprese Ferroviarie SSIF und dem Tessiner Bahn- und Busunternehmen FART gemeinsam betriebene Schmalspurbahn in das schwei- zerische Tal der Centovalli und nach Locarno. Das schweizerische General- abonnement und die Tageskarten sind auf dieser Strecke gültig. Vom Busbahn- hof südlich des Bahnhofplatzes aus verkehren die Busse der Firma Comazzi in die Täler und Richtung Lago Maggiore; die Fahrkarten werden im Bus ausgege- ben. Zwischen Domodossola und Verbania gibt es zusätzlich einen Bus der VCO Trasporti, welche die Linien am Lago Maggiore betreibt. Die Haltestellen der Busse sind auf den Routenkärtchen und auf den Swisstopo-Wanderkarten bezeichnet (siehe »Touristische Hinweise«). Das gesamte Fahrplanangebot kann unter www.vcoinbus.it eingesehen werden, gedruckte Fahrpläne sind in den Informationsbüros und bei den Busfahrern erhältlich. Die wichtigsten Ab- kürzungen in den Fahrplänen sind: »fer«(iale) = werktags, »fest«(ivo) = an Sonn- und Feiertagen, »sab«(ato) = samstags, »scol«(astico) = nur an Schultagen (auch samstags). Bahnfahrkarten müssen vor dem Einsteigen an den Entwer- tungsautomaten abgestempelt werden.

Sprache

In Domodossola und in den Ortschaften am Lago Maggiore kann man sich in Gaststätten und Geschäften in der Regel in deutscher Sprache verständigen. Bei der Bevölkerung der Täler sind Fremdsprachenkenntnisse seltener. Die Einheimischen sind aber sehr hilfsbereit. Nicht selten ist auch jemand zur Stel- le, der vor Jahren in Deutschland oder in der Schweiz arbeitete. Ein Reise- Sprachführer kann hilfreich sein. Die »Sprachhilfe« auf Seite 29 vermittelt einen kleinen Wortschatz für Wanderer und Formulierungen für Notfallsituationen.

Taxi

Für Benützer des öffentlichen Verkehrs kann bei Gelegenheit ein Autotrans- port notwendig sein. Manche Gaststätten holen Gäste an Haltestellen ab oder bringen sie zum Ausgangspunkt von Touren. Die folgenden Betriebe führen Fahrten mit Taxis oder Kleinbus aus (Stand Ende 2011):
Domodossola: Taxi-Standplatz Bahnhof, Tel. 0324 243700

Domodossola: Taxi Giorgio Garoni, Tel. 338 2932446
Ponte Formazza: Marco Ferrera, Tel. 335 6095081 oder 0324 240476
Baceno: Daniele Marchetti, Tel. 349 0796016
Crevoladossola: Trasporti La Rotta, Tel. 345 6436235
Gratisnummer 800 180714 (nur ab Italien), www.larotta.org
Varzo: Ermes Multiservice, Tel. 338 8780386
Villadossola: Crepaldibus, Tel. 338 3190013 oder 0324 51350
Macugnaga: Monterosa Transfer, Tel. 340 7802800, www.monterosatransfer.it
Malesco: Egidio Bergamaschi, Tel. 347 1595604 oder 0324 92405
Malesco: Taxi Luca, Tel. 347 5231168 oder 347 9261428
Verbania: Mauro Giambersi, Tel. 347 2327584
Omegna: Ernesto Picozzi, Tel. 340 2876211 oder 0323 62255
Valstrona: Taxi Scalabrini, Tel. 339 2045974 oder 0323 87015

Das Busunternehmen Comazzi in Domodossola übernimmt Fahrten im Auftrag mit Bussen von 8 bis 80 Plätzen. Tel 0324 240333, www.comazzibus.com.

Telefon

Die internationale Vorwahl für Italien ist 0039; aus Italien nach Deutschland 0049, in die Schweiz 0041 und nach Österreich 0043. Fast die gesamte Ossola hat die erste Zahlengruppe 0324, wenige Orte in der Nähe des Lago Maggiore 0323. Im Gegensatz zu den meisten europäischen Ländern muss bei Anrufen aus dem Ausland die 0 ebenfalls gewählt werden, also 0039 0324 xxx.

Die Nummern für Mobiltelefone, in der Ossola Cellulare oder Telefonino genannt, haben keine 0 vorangestellt und beginnen mit der Zahl 3. Mit 8 beginnende Nummern sind kostenlose Telefonanschlüsse, sie können aber nur in Italien gewählt werden.
Die in diesem Führer angegebenen Telefonnummern gelten für Anrufe aus Italien. Für Verbindungen innerhalb Italiens ist auch für Mobiltelefone die Vorwahl 0039 nicht nötig. Über www.paginebianche.it besteht ein Zugriff auf das italienische Telefonverzeichnis.

Die »Cava di Montorfano«, einer der zahlreichen Steinbrüche im Tosatal.

Umweltschutz

Die Ossola hat sich im letzten Jahrhundert den Anschluss an die moderne Welt mit großen Umweltschäden erkauft. Inzwischen hat in maßgebenden Kreisen ein Umdenken stattgefunden, und auch beim einzelnen Einheimischen ist das Bewusstsein für die Erhaltung des Lebensraums gewachsen. Als Gäste des Landes wollen wir diese Haltung respektieren und unseren Beitrag leisten. Dazu gehört vor allem, den eigenen Abfall wieder mitzunehmen, Feuer nur an geeigneten Plätzen zu entfachen und vollständig zu löschen sowie die Pflückverbote für Bergblumen zu beachten. Besondere Regeln gelten in den Naturparks, in denen u. a. das freie Zelten verboten ist.

Wanderkarten

Für unser gesamtes Wandergebiet existieren Wanderkarten 1:50.000 des schweizerischen Bundesamtes für Landestopografie (swisstopo); in Frage kommen die Karten 265 T Nufenenpass, 275 T Valle Antigorio, 284 T Mischabel und 285 T Domodossola. Diese Karten haben einen guten Ruf. Es ist aber zu beachten, dass sie auf ausländischem Gebiet wegen der andersartigen Informationsbeschaffung hinsichtlich Aktualität nicht den üblichen Standard erreichen, so ist manch eingezeichneter Weg zu einer ehemaligen Alp nicht mehr auffindbar.

Vom Gebiet der drei erstgenannten Wanderkarten existieren auch Karten im Maßstab 1:25.000 (ohne eingezeichnete Wanderrouten). Seit Kurzem kann das gesamte Kartenmaterial der Schweizerischen Landestopografie gebührenfrei online abgerufen werden. Link: www.map.geo.admin.ch.

Seit 2006 sind vier von der Provinzverwaltung VCO und vom italienischen Alpenclub herausgegebene Wanderkarten 1:50.000 (»Carta Escursionistica Transfrontaliera«) im Verkauf. Sie sind aussagekräftiger als andere italienische Karten und decken auch Randgebiete der Ossola ab. Auf ihnen sind die Ordnungsnummern der Wanderwege gemäß Kataster der Alpenclub-Sektionen Monte Rosa-Ost eingetragen. Diese Vollständigkeit führt dazu, dass auch einige kaum zu empfehlende Wege aufgeführt sind (selten begangen, nicht oder mangelhaft markiert). Seit kurzer Zeit sind auch italienische Wanderkarten 1:25.000 einzelner Täler im Verkauf, und für das Gebiet nördlich der Koordinate 122.000 (Höhe Baceno–Monte Leone) existiert eine gute Wanderkarte 1:25.000 Binntal/Veglia–Devero auf der Basis der schweizerischen Landeskarten im gleichen Maßstab (Rotten Verlag, CH-3930 Visp).

Das Istituto Geografico Militare in Florenz gibt in nächster Zeit ein Gesamtkatasterwerk im Maßstab 1:25.000 heraus (www.igmi.org). Auch von einzelnen Gemeinden gibt es Wanderkarten mit Informationen.

Rechts: Der von den Alpini erstellte Militärweg am Passo del Turlo (Tour 52).

B42	Rifugio Marinelli	4 h 25
B43	Rosareccio	1 h 20
	Piani Alti	2 h 00
	Colle del Pizzo Nero	3 h 30
B40	Burky	0 h 25
	Belvedere	1 h 05
	Bivacco Belloni	3 h 05

Auf den meisten Touren treffen wir diese Art von Wegweisern an.

Wanderwege/ Wegmarkierungen

Ohne anders lautende Hinweise verlaufen die Touren dieses Führers auf rot-weiß markierten und mit Wegweisern versehenen Wanderwegen. Das Wanderwegnetz ist in den letzten zwei Jahrzehnten von Freiwilligen der Sektionen Monte Rosa-Ost des italienischen Alpenclubs CAI aufgebaut worden. Jeder Weg hat seine Identifikationsnummer, und die vorangestellten Buchstaben auf den Wegweisern bezeichnen die Region (A = Haupttal der Tosa, B = Anzascatal, C = Antronatal etc.). Näheres zu dieser Systematik und zu den einzelnen Routen unter www.caivilladossola.it/catasto.

Oft befinden sich Wegweiser und Markierungen nicht im Ortszentrum, sondern erst am Ortsrand, wo der Weg beginnt. Es ist zu beachten, dass die auf den Wegweisern angegebenen Zeiten für Wanderer mit durchschnittlichem Marschtempo meistens zu kurz sind. Wo die Route nicht einem bezeichneten Weg oder einer Straße folgt, sind in der Regel Hilfsmarkierungen (große orange oder rote Punkte/Striche) angebracht.

Weitwanderwege

Weitwanderwege oder Trekkings üben auf unternehmungsfreudige Bergwanderer eine besondere Faszination aus, und die Landschaft der Ossola mit den vielen Passübergängen ist für ein solches Unternehmen besonders geeignet. So berühren eine größere Zahl solcher Wege unser Wandergebiet, und auf die bekanntesten wird hier kurz eingegangen.

Der ehemalige Handelsweg vom bernischen Haslital über die Pässe Grimsel und Gries nach Domodossola bietet sich als landschaftlich und kulturell interessanter Weitwanderweg an. Unter dem Namen Sbrinz-Route – in Anlehnung an den in die Lombardei exportierten Sbrinzkäse – wurde er auf schweizerischem Territorium ausgebaut, ebenso im Tosatal als »Via del Gries« oder »Via Sbrinz«. Teilstücke des Weges sind in mehreren Touren dieses Führers aufgenommen worden. Leider sind im Gebiet des Antigoriotales manche Strecken schlecht unterhalten und durch bauliche Entwicklungen beeinträchtigt, so dass eine durchgehende Begehung bis Domodossola kaum lohnend ist (Informationen unter www.sbrinz-route.ch). Ebenfalls auf einer alten Handelsroute verläuft der Stockalperweg von Brig über Simplonpass, Zwischbergental und Monscerapass nach Domodossola. Er ist bezeichnet und gut begehbar (www.simplon.ch). Über die Grande Traversata delle Alpi GTA existieren mehrere Publikationen. Diese führt vom Pomatt durch die piemontesischen Alpen ans Mittelmeer. Die ersten zehn der insgesamt 60 Etappen verlaufen auf dem Gebiet der Ossola. Der Autor Werner Bätzing beschreibt in seinem Buch nach einer hochinteressanten Einführung auf 40 Seiten die Zugänge zur GTA von der Schweiz her (Informationen: www.gtaweb.de). Der »blaue« Weg der im Jahr der Berge 2002 aus der Taufe gehobenen Via Alpina führt auf teilweise gleichem Weg in acht Etappen vom Pomatt nach Molini und dann weiter nach Süden (www.via-alpina. org). Schließlich durchquert der Sentiero Italia SI in 12 Etappen die Ossola-Täler von Molini bis Cannobio am Lago Maggiore (www.sentieroitalia.it). Erwähnenswert sind zwei mehrtägige Rundtouren im schweizerisch-italienischen Grenzgebiet: Simplon-Fletschhorn-Trekking SFT in sechs Tagen (Broschüre im Rotten-Verlag, CH-3930 Visp, 2004, www.valrando.ch) und Tour Monte Rosa, anspruchsvolle Rundtour in neun Tagesetappen (Wanderführer und Karte 1:50.000 im Rotten-Verlag CH-3930 Visp, www.tmr-matterhorn.ch). Die Autoren beschreiben in den Touren 42–52 eine Trekkingroute im südwestlichen Grenzgebiet der Ossola, die in Kombination

Gewitterstimmung über Vilette. Im Hintergrund der Gridone, Grenzberg zum Tessin.

Seit 200 Jahren zieht der Tosafall Besucher aus aller Welt in seinen Bann.

mit den Touren 1–4 vom Nufenenpass zum Ortasee führt. Sie verlässt die Ossola streckenweise und passiert das schweizerische Zwischbergental und die südlich unseres Wandergebiets gelegenen ehemaligen Walsersiedlungen Rimella und Campello Monti.

Ergänzt wird sie durch die Beschreibung der zwei Etappen der Monte-Rosa-Tour, welche Macugnaga berühren. An den Etappenorten befinden sich jeweils Gasthöfe oder bewartete Berghütten, und bei Wetterumsturz kann gefahrlos eine Station des öffentlichen Verkehrs erreicht werden. Mit Ausnahme einer Etappe, für die es eine einfachere Variante gibt, bieten die Wege keine besonderen Schwierigkeiten. Sie erfordern aber, neben einer angemessenen Kondition, Vertrautheit mit alpinen Verhältnissen und gutes Orientierungsvermögen.

Wetter/Wettervorhersagen

Das Wetter in der Ossola unterscheidet sich von jenem der Alpennordseite durch eine höhere Durchschnittstemperatur (vor allem im Winterhalbjahr) sowie durch mehr Sonnentage bei gleichzeitig größerer Niederschlagsmenge. Die atlantischen Störungen beeinflussen das Klima nur begrenzt, das schlechte Wetter kommt mit Südwind von Tiefdruckzonen über dem Mittelmeer. Innerhalb der Ossola gibt es bedeutende Unterschiede; am häufigsten sind intensive Niederschläge im Gebiet des Val Grande und des Lago Maggiore. In den Statistiken der letzten Jahrzehnte waren die Monate April/Mai und September/Oktober die niederschlagsreichsten. Wenn sich nördlich der Alpen die Wolken stauen, setzt im Süden der Nordföhn ein und bringt dort schönes Wetter. Falls er stark bläst, kann es in den nördlichen Ossola-Tälern allerdings kalt und bedeckt sein. Umgekehrt bedeutet Föhn auf der Alpennordseite meist Regen im Süden.

Auf die Frage nach den Wetteraussichten erhält man in der Ossola nicht selten die überraschende Antwort: »La Televisione Svizzera dice...«. Tatsächlich sind die Prognosen für die Alpensüdseite der Meteo Schweiz in der Regel zutreffender als die weiträumigere italienische Vorhersage für Oberitalien. Zu beachten ist dabei, dass bei von Westen kommendem Wetterwechsel die Ossola meist einige Stunden »Vorsprung« auf die für das Gebiet des Kantons Tessin bestimmte Prognose hat. Gute Informationen liefern www. meteo.ch, www.meteo24.ch und www.ilmeteo.it. Die App »WeatherPro« für iPhone und iPad vermittelt Prognosen für Orte der Ossola. In manchen Gaststätten stehen lokale Voraussagen ab Internet zur Verfügung.

Kleine Sprachhilfe für Wanderer

acqua potabile	Trinkwasser	guida	(Berg-)Führer
altitudine, quota	Höhe ü. M.	nebbia	Nebel
baita	Alphütte	neve	Schnee
biforcazione	Abzweigung	ometto	Steinmann
caduta sassi	Steinschlag	ora	Stunde
cartello	Wegweiser	pericoloso	gefährlich
cellulare	Mobiltelefon	pianura	Ebene
chiuso	geschlossen	pioggia	Regen
cima	Gipfel, Spitze	ponte	Brücke
cresta	Grat	prato	Wiese
custode	Hüttenwart	ricovero	Notunterkunft
destra, a destra	rechts	roccia, sasso	Fels
difficile	schwierig	salita	Aufstieg
direzione	Richtung	segnavia	Markierung
diritto	geradeaus	sentiero	Fußweg
discesa	Abstieg	sinistra, a sinistra	links
dislivello	Höhenunterschied	sito	Internetseite
esposto	ausgesetzt	soccorso	Rettung
feriale	an Werktagen	strada	
fermata	Haltestelle	carrozzabile	Fahrstraße
festivo	sonntags	sterrata	Naturstraße
fiume, rio	Fluss	tempo	Wetter, Zeit
fonte	Quelle	temporale	Gewitter
frana	Erdrutsch	tornante	Straßenwindung
funivia	Seilbahn	torrente	Bergbach
ghiaccio	Eis	traccia	Spur
guardiano	Hüttenwart	via	Weg, Route

Dove mi trovo qui?	Wo befinde ich mich hier?
Abbiamo perso la strada.	Wir haben den Weg verloren.
Mia moglie/mio marito sta male.	Meiner Frau/Mann geht es nicht gut.
Mio amico si trova...	Mein Freund befindet sich...
Ho bisogno di aiuto/di un medico.	Ich brauche Hilfe/einen Arzt.
Posso pernottare qui?	Kann ich hier übernachten?
Dove inizia il sentiero per...?	Wo beginnt der Fußweg nach...?
Dove/quando parte la corriera?	Wo/Wann fährt der Bus ab?
Quanto tempo ci vuole per...?	Wie lange braucht man bis...?
Può chiamarmi un taxi?	Können Sie mir ein Taxi rufen?
Può portarmi a...?	Können Sie mich nach... bringen?

Täler, Orte und Sehenswürdigkeiten

Valle Formazza

Wie ein Keil ist dieses Hochtal zwischen den schweizerischen Kantonen Wallis und Tessin eingebettet, in unmittelbarer Nähe zum Gotthardmassiv. Hier entspringt auf 3500 m Höhe der Hauptfluss der Ossola, die Tosa (ital. Toce), die 80 km südlich und 200 m über Meer in den Lago Maggiore mündet. Bis zur Besiedelung durch die Walser im 13. Jahrhundert über den Griespass waren hier Weidegebiete der Dörfer des Antigoriotales. Die sonnengebräunten Holzhäuser sind Wahrzeichen der alemannischen Volksgruppe, die ihre Sprache und Kultur in einem romanischen Umfeld bis in die jüngste Zeit hinein bewahrt hat. In der Periode zwischen den beiden Weltkriegen wurden die Dorf- und Familiennamen »italienisiert« und der walserische Talname **Pomatt** in Valle Formazza umgewandelt. Heute sind die Ortstafeln zweisprachig, aber nur noch älter Menschen sprechen das heimelige Walserdeutsch. Die in Brendo wohnhafte Schriftstellerin Anna Maria Bacher hat mit ihren Gedichtbänden in »Pumatter-Tiitsch« weit über ihre Heimat hinaus Beachtung gefunden; ihre Bücher sind im Verlag der Walservereinigung Graubünden und im Limmat-Verlag erschienen.

Riale, das höchstgelegene Dorf des Tales. Blick zum Griespass.

Jahrhundertelang war das Pomatt Durchgangsland zwischen der heutigen Schweiz und der Lombardei, und viele Bewohner waren als Wegebauer, Säumer oder Gastwirte tätig. Sie hatten kaum Kontakt zur italienisch sprechenden Nachbarschaft und blieben zum Wallis und zum bernischen Haslital hin orientiert.

Der Bau der napoleonischen Simplonstraße und später der Gotthardbahn bereitete dem Transitverkehr ein Ende und ließ das Tal in die Abgeschiedenheit zurückfallen. Die Attraktivität des Tosafalls brachte wieder eine erste Öffnung, aber erst 1920 erreichte eine Fahrstraße von Süden her das Tal. Dies brachte mit dem einsetzenden Kraftwerkbau neue

Die Mundartdichterin Anna Maria Bacher mit einer Touristengruppe in Ponte.

Arbeitsmöglichkeiten ins Tal, erschloss es aber auch für den Tourismus.

In der Blütezeit des Passverkehrs war die oberste Talstufe, die Alta Formazza, ganzjährig bewohnt. In den letzten zwei Jahrhunderten wurde sie nur noch im Sommer als Weidegebiet benutzt. Das einst höchstgelegene Dorf Moraschg versank 1940 im heutigen Lago Morasco, während sich **Riale** (1729 m, walserisch Z'Cherbäch – »wo sich der Flusslauf wendet«) heute dank wintersicherer Zufahrt zu einem ganzjährig bewohnten Ort mit Langlaufloipen und Übernachtungsmöglichkeiten entwickelte. Im Juli/August verkehren einzelne Kurse des öffentlichen Verkehrs bis Riale. Die oberste Talstufe wird von der **Cascata del Toce** (1675 m, Tosafall) abgeschlossen. Der mit 143 m Fallhöhe höchste Wasserfall der Alpen wurde nach der Publikation »Voyages dans les Alpes« des Genfer Naturforschers Horace-Bénédict de Saussure im Jahre 1783 als ein Naturwunder Europas bekannt. Königinnen, Schriftsteller und die übrige »große Welt« ließen sich auf Sänften und Maultieren zum bald darauf eröffneten Albergo della Cascata tragen. Nach einer wechselhaften Geschichte wurde das 120 Betten fassende Haus, das zeitweise über ein eigenes Orchester verfügte, 1973 geschlossen. Heute befindet sich in den sehenswerten Jugendstilräumen ein Restaurant. Auf der nächsttieferen Talstufe liegt **Ponte Formazza** (1286 m, Zum Stäg), Hauptort des Tales und Zentrum der Walserkultur. Dominierende Gebäude im schönen Dorf sind die Pfarrkirche San Bernardo, das Gemeindehaus und die Casa Forte, das ehemalige Haus des Landammanns und heutiges Talmuseum. Man findet hier auch noch kunstvolle Haustüren, die von Haslitaler Schnitzern angefertigt wurden. Bis zur nächsten Talstufe bei Le Casse (Stalden) liegen weitere Dörfer mit typischen Walserhäusern im ebenen Talboden zwischen Wiesen und Tannen. Der Stalden war während Jahrhunderten Sprach- und Kulturgrenze und bis vor Kurzem auch ein Verkehrsengpass; seit 2009 ersetzt ein Kehrtunnel die steilen Serpentinen der Straße. Kulturell zum Pomatt gehört auch die nach Süden vorgeschobene legendäre Walsersiedlung **Salecchio** (1509 m, Saley), die an steilen Hängen 700 m über dem Talboden des Antigoriotales liegt. Sie ist für die Forscher zum Urbild einer Südwalsergemeinde geworden. 700 Jahre nach ihrer Gründung wohnten hier 1920 noch fast 100 Menschen mit eigener Schule und eigenem Pfarrer, doch 50 Jahre später verließen die letzten ständigen Bewohner Salecchio. Die heutige Abstiegsroute ins Antigoriotal entstand erst Jahrhunderte nach der Besiedelung. Der felsige Weg über Altillone war die Lebensader zur Muttergemeinde Pomatt, und die jungen Saleyer holten ihre Bräute häufig aus den Walsersiedlungen Agarn (Agaro) und Opso (Ausone) jenseits des 2347 m hohen Passo del Muretto (in der Walsersprache »z'Miirli«).

Valle Antigorio

Das erste unter der Talstufe des Staldens liegende Dorf **Foppiano** (957 m, Unterstalden, »Undrumschtalda«) gehört noch zum Pomatt, dann beginnt das bis auf 400 m Höhe abfallende Antigoriotal. Die Eidgenossen, die als Händler und Krieger hier durchzogen, nannten es Eschental. Im wechselnden Gelände von engen Passagen und weitem Wiesengrund fließt die Tosa nach Süden, flankiert von hohen Felswänden. Gut erhaltene Saumwege führen zu sonnigen Alpen, die vom Tal her meistens nicht sichtbar sind. Auffallend sind die aus heutiger Sicht riesigen Kraftwerkzentralen, die vor 80 Jahren erbaut wurden und durch Druckleitungen aus den vielen Stauseen gespeist werden. Es sind nicht nur Zweckgebäude, sondern kunstvolle Bauten, die später in Fachkreisen als »Cattedrali dell' Energia« bezeichnet wurden. Ein sehenswertes Beispiel ist die Zentrale Verampio unterhalb Baceno, die der Mailänder Stararchitekt Piero Portaluppi unter Verwendung von Jugendstilelementen schuf.

Das in einem sonnigen Flachstück des Tales liegende **Premia** (803 m) umfasst viele Ortsteile und ist die Heimat der Familie De Rodis, welche im Mittelalter während Jahrhunderten Feudalherrin der oberen Ossola war. 2009 wurde im Ortsteil Cadarese ein Thermalbad eröffnet, dessen Quellen seit 1556 beglaubigt sind. Im Ortsteil Rozzaro stehen östlich der Fahrstraße die Ruinen des Ospizio San Bernardo. Es wurde Mitte des 13. Jahrhunderts gebaut und war wichtiger Stützpunkt am Griesweg. Die dazu gehörende Kirche war lange Zeit ein Wallfahrtsort und ist architektonisch sehenswert. In der urtümlichen Talenge zwischen Premia und Baceno sind die begehbaren eiszeitlichen Schluchten der »Orridi« und die Gletschertöpfe der »Marmitte dei giganti« interessante Naturschauspiele.

Baceno (640 m) am Scheideweg der Passrouten von Gries und Albrun, ursprünglich wohl ein römischer Militärstützpunkt, war vom Mittelalter bis in die Neuzeit hinein wichtiger Transit- und Marktplatz. Die imposante und reich ausgestattete Pfarrkirche San Gaudenzio mit dem großen Fresko des heiligen

Die »Riviera Antigoriana« mit dem Monte Cistella.

Christophorus an der Fassade ist zum »Monumento Nazionale« erklärt worden. In **Crodo** (534 m), der größten Ortschaft des Antigoriotales, wurde bis 1941 am Alfenzafluss Gold gewonnen. Das im letzten Jahrhundert entstandene Heilbad hat den Anschluss an unsere Zeit verpasst, dafür hat sich die Mineralwassergesellschaft mit ihrem Tafelwasser und dem alkoholfreien Aperitif »Crodino« eine gute Marktstellung geschaffen. 1979 wurde hier das Istituto Agrario geschaffen, wo dem landwirtschaftlichen Nachwuchs der ganzen Ossola das berufliche Grundwissen vermittelt wird und weiterführende Ausbildungen angeboten werden. Seit 1991 beherbergt Crodo ein Studienzentrum und Museum für Erdwissenschaften, in dessen Mittelpunkt die Mineralien stehen. Die etwa 300 m höher liegenden Ortsteile **Mozzio**, **Viceno** und **Cravegna** werden als »Riviera Antigoriana« bezeichnet und sind als Ausflugs- und Ferienorte beliebt. In Viceno ist das kleine Talmuseum »Casa della montagna« sehenswert.

La Piana del Toce

Der letzte Engpass im Lauf der Tosa, die Forra di Pontemaglio, markiert den Beginn der Tosaebene. Der Fluss ergießt sich in eine immer weiter werdende Ebene mit größeren Zuflüssen und verliert auf die gut 20 km Distanz bis Piedimulera nur etwa 100 m an Höhe über Meer. Besiedlungsdichte und Industrialisierung nehmen deutlich zu.

Letzter Schnee auf der Tosaebene. Im Vordergrund die Rebberge von Masera.

Die schon in der Vergangenheit wohlhabenden Gemeinden **Montecrestese** (486 m) und **Masera** (297 m) liegen am sonnigen Westhang des Tales. Während die tiefer liegenden Ortsteile stark überbaut sind, findet der Wanderer in den höher gelegenen Fraktionen zwischen gepflegten kleinen Rebbergen viele Kleinode ländlicher Architektur und Kultur. In Masera ließen vor 150 Jahren die Nachfahren der Vigezziner Goldschmiededynastie Mellerio die neoklassizistische Villa Caselli mit großem Park erstellen, die seit einigen Jahren im Besitz der Gemeinde ist. Das weithin bekannte mehrtägige Traubenfest (Festa dell' Uva) im September ist aus einem früheren Erntedankfest hervorgegangen. In Montecrestese ist das jährliche Kartoffelfest (Sagra della Patata) zum traditionellen Anlass geworden.

Crevoladossola (337 m) am gegenüberliegenden Talhang war ein wichtiger Platz am Scheideweg der Passrouten zum Simplon und nach Norden. Es hat wegen der neuen Straßenführung diese Rolle verloren, ist aber durch die Eingemeindung der nördlichen Vororte Domodossolas eine der bevölkerungsreichsten Gemeinden der Ossola geworden. Sehenswert ist die restaurierte Renaissancekirche Santi Pietro e Paolo. Zum Gemeindegebiet gehört das Dorf Oira, dessen Ortsteil Canova am alten Griesweg lag und sehenswert ist. Die stattlichen Häuser sind in letzter Zeit stilgerecht restauriert worden (www.canovacanova.com). Das große Gemeindegebiet von **Trontano** umfasst den ganzen Osthang der Tosaebene von der Melezzamündung bis Cosasca; der Hauptort liegt an der Vigezzobahn auf 518 m Höhe. Sehenswert sind die ursprünglich romanische Pfarrkirche Santa Maria und der alte Dorfteil Castello. Hier wird seit dem 14. Jahrhundert die widerstandsfähige Rebsorte Prunent angebaut, deren Qualitäten in unseren Tagen neu entdeckt werden.

Domodossola (270 m) ist eine Gründung des Stamms der Lepontier und wurde von den Römern Domus Ossulae genannt. Die Stadt schuf sich dank ihrer Lage bald eine wichtige strategische und wirtschaftliche Rolle an den Handelswegen nach Norden. Im 14./15. Jahrhundert erlebte sie mehrere Belagerungen und Besetzungen durch Walliser und Innerschweizer Truppen. Auf den Ruinen der langobardischen Festung auf dem Matarellahügel wurde 1667 der Grundstein für den Sacro Monte Calvario, den Heiligen Berg von Domodossola, gelegt. Der Bau der Wallfahrtskirche und der den Pilgerweg säumenden Kreuzwegkapellen wurde durch Gaben der Gläubigen und durch Fronarbeit ermöglicht. Der im Wallis in Ungnade gefallene Beherrscher des Handels über den Simplon, Kaspar Jodok von Stockalper, fand hier Zuflucht. Er hatte großen Anteil am Gelingen des Werkes und ließ den üblichen 14 Kreuzwegkapellen noch eine Paradieskapelle zufügen. Nach einer wechselvollen jüngeren Geschichte ist die Leitung des Sacro Monte der Kongregation der Padri Rosminiani übergeben worden. Die Region Piemont hat das gesamte Gelände 1991 zum »Spezial-Naturreservat« erklärt und zu einer Forschungsstätte mit didaktischem Zentrum ausgebaut. Heute ist der Sacro Monte sowohl eine Stätte der Spiritualität wie auch der konkreten Auseinandersetzung mit den Fragen der Umwelt. Seit 2003 gehört er zum Weltkulturerbe der UNESCO. Besondere Bedeutung hatten für Domodossola der Bau der Simplonbahn und die Rolle als Grenzbahnhof. Heute sind viele der damit zusammenhängenden Arbeitsplätze abgebaut oder verschoben worden, und das Bahnhofsgebäude wirkt überdimensioniert. Die Stadt hat sich in jüngerer Zeit vom Etikett befreit, außer der »Stazione Internazionale« und dem samstäglichen Markt nicht viel Erlebenswertes zu bieten. Ein Beispiel des regen kulturellen Lebens sind die jährlich durchgeführten »Giornate medioevali« (Mittelalter-Tage), die viele Teilnehmer und Zuschauer anziehen. Viele sehenswerte Gebäude wurden erneuert oder sind noch in Restauration, und die Piazza Mercato ist ein Schmuckstück geworden. An den Hängen des knapp 2000 m hohen Moncucco ist der Wintersportplatz »Domobianca« entstanden.

Villadossola (252 m) am Eingang des Antronatales ist aus kleineren Siedlungen am Berghang entstanden und gewann schon früh an Bedeutung als Scheidepunkt der »Strada Antronesca« über den Antronapass nach Visp im Wallis und der nach Norden führenden »Via Francisca«. Eisenfunde im Antronatal vor 200 Jahren ließen im Tal eine Stahlindustrie entstehen, und aus dem Familienbetrieb wurden zwei Großunternehmen mit über 2500 vorwiegend ungelernten Beschäftigten im Jahre 1970. Nach den Jahren der Hochkonjunktur waren die Betriebe aber nicht mehr konkurrenzfähig, und heute stellen nur noch einige Hundert Mitarbeitende Spezialprodukte her. Villadossola brauchte lange, um diese Krise zu verkraften, umso mehr, als ein Großbetrieb der chemischen Industrie das gleiche Schicksal erlitt. Nach und nach werden nun die unansehnlichen leeren Fabrikhallen abgerissen und weichen neuen Bestimmungen. Eines dieser neuen Gebäude ist das 1997 erstellte Kulturzentrum »La Fabbrica«.

Die zerstörte Festung »La Rocca« über Vogona.

Ossola Inferiore

Nach Piedimulera wendet sich die Tosa nach Südosten und strebt mit minimalem Gefälle dem Lago Maggiore zu. Die Ebene dieses U-Tals mit Flanken von über 2000 m Höhe war einst sumpfig und von Überschwemmungen heimgesucht. Heute fährt hier die richtungsgetrennte Superstrada SS 33 durch, und es haben sich mehrere Industriebetriebe angesiedelt. Wo die von Piedimulera kommende Straße die Tosa quert, befanden sich im Mittelalter eine Fähre und der Hafen von Masone, die beide vom Malteserorden betrieben wurden. Hier wurden die Güter vom Landweg auf Schiffe umgeladen und bis ins Zentrum von Mailand befördert. Die Untere Ossola endet einige Kilometer vor der Tosamündung auf der Höhe des mitten im Delta stehenden Granitklotzes des Montorfano.

Schon von Weitem sind die Wahrzeichen von **Vogogna** (223 m) sichtbar, die 1514 von den Eidgenossen zerstörte Burg »La Rocca« 140 m über dem Talboden und das Schloss der Visconti, heute ein Museum. Der strategisch wichtige Ort war als Hauptort der Unteren Ossola – die bis Masera reichte – während Jahrhunderten Rivale von Domodossola um die Vorherrschaft im Tal, bis er 1819 alle Privilegien verlor und »gewöhnliche Gemeinde« wurde. Mit Recht trägt er das Prädikat »schönstes Dorf der Ossola« und weist in seinem Borgo mit den städtischen Gassen und Palazzi viel Sehenswertes auf (weitere Informationen unter www.comune.vogogna.vb.it).

Premosello-Chiovenda (222 m) ist eine wichtige Eingangspforte zum Val Grande und zusammen mit dem 300 m höher liegenden Ortsteil Colloro für seine Folkloreanlässe bekannt. Am sonnigen Hang können in der Regel bereits in den ersten Monaten des Jahres interessante Wanderungen unternommen werden. Oberhalb des kleinen Dorfes **Candoglia** (205 m) liegen die gut sichtbaren Steinbrüche, die seit 1387 bis heute den rosafarbenen Marmor für den Bau und den Unterhalt des Mailänder Doms liefern. Früher wurden die Steine auf dem Wasserweg dorthin transportiert.

Das auf der südlichen Talseite liegende **Ornavasso** (213 m) ist keltischen Ursprungs. Im 13. Jahrhundert besiedelten Walser, nach einigen Quellen junge Paare aus Naters bei Brig, die Hänge des San-Carlo-Tales und ließen sich später auch im bereits bestehenden Talort nieder. Nach kurzer Zeit bildeten sie dort die Mehrheit, und das Dorf **Urnafasch** wurde bald eine wirtschaftlich starke und wohlhabende Gemeinde. Die Lage am Durchgangsverkehr brachte das »Walser-Tiitsch« als Umgangssprache ab 1700 zunehmend zum Verschwinden, aber Quartier- und Flurbezeichnungen wie Dorf oder Boden und die wehmütig klingenden italianisierten Alpnamen rufen die Vergangenheit wach. Sehenswert sind neben alten Häusern die Pfarrkirche St. Nikolaus, die in Restauration befindliche imposante Kirche Madonna della Guardia mit Wehr- und Signalturm sowie die aus dem 16. Jahrhundert stammende Wallfahrtskirche Madonna del Boden auf 475 m Höhe. Das Dorf gedenkt in jährlichen Veranstaltungen seiner keltischen Wurzeln und seines Walsererbes. Alle fünf Jahre findet ein Treffen mit der Bevölkerung von Naters statt.

Mergozzo (204 m), wenige Kilometer vom Einfluss der Tosa in den Lago Maggiore entfernt, ist die südlichste Ortschaft der Ossola. Das römische Muregocium hat eine reiche Geschichte, deren Zeugen im Archäologischen Museum Antiquarium zu sehen sind. Die alte Ulme am Hauptplatz war während Jahrhunderten Versammlungsplatz der Bürger und gehört mit der Linde von Macugnaga zu den »alberi monumentali« der Region Piemont. Zu sehen sind neben der kürzlich restaurierten Kirche Santa Marta freskengeschmückte Häuser und viele architektonische Kleinode in den schmalen Gassen. Dank des milden Klimas, des sauberen Wassers des gleichnamigen Sees und der Lage abseits des großen Verkehrs ist Mergozzo ein gesuchter Ferienort mit Hotels und Ferienwohnungen. Der höher liegende Ortsteil Bracchio und die aussichtsreiche Alpe Vercio (822 m) sind beliebte Ausflugsziele.

Der südliche Eingang in die Ossola: Lago Maggiore, links der Montorfano.

Valle Devero

Das wilde Deverotal endet mit der Einmündung in die Tosa bei Baceno. Der unterste Flusslauf ist durch enge Schluchten und Gletschertöpfe gekennzeichnet. Eine asphaltierte Nebenstraße führt über Croveo durch diese beeindruckende Gegend bis in den Talkessel von **Goglio** (1103 m), wo die Steilstufe zur Alpe Devero beginnt. Es ist der Weg zum Übergang des Albrunpasses (Bocchetta d'Arbola, 2409 m) ins Binntal im Wallis. Er wurde schon in vorrömischer Zeit begangen und war vom Mittelalter bis in die Neuzeit hinein eine wichtige Verbindung. Diese ließ eine enge Beziehung zwischen den beiden Talschaften, die sich jährlich am ersten Sonntag im August auf der Passhöhe treffen, entstehen.

Am steilen nördlichen Talhang gründeten um das Jahr 1300 Auswanderer von Binn die Walsersiedlungen **Opso** (heute Ausone, 1463 m) und **Agarn** (Agaro, 1600 m). Von beiden Gemeinden sind die mittelalterlichen »statuti« überliefert, deren strenge Einhaltung das Überleben sicherstellte. Um 1930 war Agarn die höchste ganzjährig bewohnte Gemeinde der Ossola. Die Beziehungen beschränkten sich auf das heimatliche Binn und die jenseits des 2347 m hohen Passo del Muretto liegenden Walsersiedlungen von Saley und Pomatt. Nur zu Taufe, Hochzeit, Beerdigung und Entrichtung der Abgaben stieg man nach Baceno ab. Während sich in der Siedlung Ausone dank einer Werkstraße heute neues Leben regt, mussten 1936 die 40 Bewohner das in einen Stausee versinkende Agarn verlassen. Die steile Mulattiera aus dem Tal wurde durch die Bauarbeiten zerstört. Erst in unseren Tagen haben Freiwillige sie wieder hergestellt und ermöglichen dem Wanderer eine allerdings anstrengende Reise in die Vergangenheit. Auf der anderen Talseite liegt der Morgensonne zugewandt der Balkon der Alpe Esigo.

Die **Alpe Devero** wurde 1990 zusammen mit der westlich davon gelegenen Alpe Veglia zum **Parco Naturale Veglia Devero** mit Sitz in Varzo und einem Besucherzentrum in Crodo erklärt. Ziele des 8500 Hektar umfassenden Naturparks sind die Bewahrung des zwischen 1500 und 3500 m Höhe gelegenen Territoriums, die Information der Besucher und die Durchführung naturwissenschaftlicher Studien. Es besteht eine enge Zusammenarbeit mit dem jenseits der Landesgrenze liegenden Landschaftspark Binntal. Die Alpen des weiten Talbodens sind im Sommer bewirtschaftet, und es existiert ein gutes Angebot an Einkehr- und Übernachtungsmöglichkeiten. Einzelne Häuser sind ganzjährig geöffnet, was vor allem den Skitouristen zugutekommt. Bis vor wenigen Jahren bildete die steile Mulattiera ab Goglio den einzigen Zugang von Süden. Heute ist die ursprüngliche Kraftwerkstraße ausgebaut und dem öffentlichen Verkehr zugänglich gemacht worden. Der Parkplatz befindet sich einige Minuten unterhalb der ersten Siedlung Ai Ponti. Ab Baceno verkehrt ein öffentlicher Kleinbus mit Anschluss an den Busverkehr nach Domodossola. Dieser

Rechts: Die stattliche Kirche San Gaudenzio am Scheideweg von Albrun- und Griespass.

Der Weiler Monsignore am Stockalpenweg.

ermöglicht es, in Verbindung mit der Buslinie Binn – Brunnebiel die Alpe Devero vom Wallis her in einer Tagestour mit Rückkehr durch den Simplontunnel zu besuchen. Wegen ihrer reichen Blumenwelt und der interessanten Feuchtgebiete wird die Alp vor allem Ende Juni und im Juli als Ausflugsort geschätzt. Sie ist, ähnlich wie das angrenzende schweizerische Binntal, sehr mineralienreich.

Valle Divedro/Valle Cairasca

Das enge Divedrotal ist der wichtigste Zugang der Ossola zur Schweiz und wird heute von Straße und Bahn durchfahren. Es setzt die Südostabdachung des Simplonpasses auf italienischem Boden fort und endet bei Crevoladossola, wo der Fluss aus der Schlucht der »Forra di Crevola« in die Tosaebene hinaustritt. Der obere Teil des Tales unter Einschluss des Zwischbergentales (Valle Vaira) war von je her Walliser Territorium, und so liegt die Landesgrenze auf ca. 800 m Höhe östlich von Gondo. Auch der Passverkehr war fest in Walliser Hand, und der Briger Handelsherr und Staatsmann Kaspar Jodok von Stockalper (1609–1691) ist als »König des Simplons« in die Geschichte eingegangen. Der Pass wurde schon in den ersten Jahrhunderten unseres Zeitalters begangen, die Route wich aber wegen der engen Schluchten stark von der heutigen ab. Ab Varzo stieg sie nach Trasquera und dann auf über 2000 m zur heutigen Alp Vallescia auf, blieb dann am nördlichen Berghang und erreichte erst bei Engiloch, in der Nähe der Passhöhe, wieder den Talboden. Im 13. Jahrhundert wurde die Gondoschlucht mittels aufgehängter Holzstege erstmals mühsam passierbar, ein Teil des Verkehrs ging auch über die heutige

Wanderroute des Stockalperweges via Gabi–Furggu–Zwischbergen–Monsterapass–Bognancotal. Nach der Blütezeit unter Stockalper verlor der Simplonpass an Bedeutung, bis der Bau der napoleonischen Straße 1805 eine neue Ära einläutete. Genau ein Jahrhundert später wurde der Simplontunnel von Brig nach Iselle durchstochen. Die damals weltweit längste und erste elektrifizierte Tunnelstrecke erschloss den Eisenbahnverkehr zwischen Paris und Milano.

Die erste Ortschaft auf italienischem Boden ist **Iselle** (673 m), Zollstation und Ortsteil von Trasquera. Sie wird vom schweizerischen Postautodienst Brig–Domodossola bedient. Die gleichnamige Bahnstation liegt 1 km östlich am Ausgang des Simplontunnels. Ab dort existiert ein Busbetrieb nach Domodossola, mit Anschluss an die Autozüge nach Brig. Auf einem Plateau, 400 m über dem Talboden, hat **Trasquera** (1096 m) eine besondere Aussichtslage. Die auf einem Felssporn erbaute, architektonisch interessante Pfarrkirche San Gervasio e Protasio ist vom Tal her gut sichtbar. Die Kaplanei (Cià dul Ciaplan) im Dorfzentrum aus dem 16. Jahrhundert wurde kürzlich restauriert und ist Gemeindearchiv und Museum. Im Gemeindegebiet besteht ein interessantes, teilweise anspruchsvolles Wanderwegnetz, und im etwas höher liegenden Ortsteil Fraccia gibt es im Centro Polifunzionale und im schön gelegenen Agriturismo gute Unterkunftsmöglichkeiten. Die große Gemeinde **Varzo** (540 m) zählt 53 bewohnte Ortsteile und fast ebenso viele Kirchen, Oratorien und Kapellen. Sie liegt an Bahn und Straße, dem Süden und Westen zugewandt und vom Wind geschützt. Von den vielen Alpen sind manche noch bewirtschaftet. Im einstigen Etappenort an der »Via Francisca«, der Straße nach Frankreich, sind neben der reich ausgestatteten Pfarrkirche San Giorgio und einem mittelalterlichen Signalturm viele interessante Gebäude zu sehen.

Der Nebenfluss Cairasca sammelt in der Mulde der Alpe Veglia die vom nördlichen Grenzkamm kommenden Wasser und ergießt sich 10 km weiter unten und 1200 m tiefer in den Talfluss Diveria. Eine Zufahrtsstraße zweigt in Varzo ab und erreicht nach mehreren Häusergruppen **San Domenico** (1403 m). Das ehemalige Maiensäß, im Zweiten Weltkrieg Partisanenstützpunkt, hat sich zu einem kleinen Ferienort mit Schwerpunkt Wintersport entwickelt. Die im Talkessel zu Füßen des Monte Leone

Blick von Varzo in das Val Divedro, am Horizont das Fletschhorn.

Luftaufnahme des Bognancotals. Rechts am Hang San Lorenzo und Graniga, am Horizont der Pontimiapass mit dem Weissmies.

liegende **Alpe Veglia** (1761 m) ist Teil des Parco Naturale Veglia Devero. Vor einem Vierteljahrhundert fanden Archäologen hier Waffenteile und Kristall-Werkzeuge aus dem 8. Jahrtausend v. Chr. und damit die ältesten Siedlungsspuren in den Westalpen. 30 Jahre früher hatten sich Naturschützer dafür eingesetzt, dass diese Talmulde nicht zu einem riesigen Stausee und auch nicht zu einem grenzüberschreitenden Skizirkus Simplon–Veglia wurde. Resultat ihrer Interventionen wurde schließlich der Naturpark mit administrativem Sitz in Varzo. Der nur in den Sommermonaten bewirtschaftete Alpboden mit seinen Lärchenwäldern, Wasserfällen und kleinen Seen ist Ausgangspunkt erlebnisreicher Rundwanderungen und Passübergänge. Während zur Alpe Devero und zur Simplonsüdseite gut begehbare Pässe führen, sind die nördlichen Übergänge in den Kanton Wallis anspruchsvoller. Wegen des anstrengenden Zuganges (Straße und öffentlicher Kleinbus enden eine gute Wegstunde unterhalb der Alp) steht das Gebiet unverdientermaßen im Schatten der Alpe Devero.

Valle Bognanco

Wer sich von Norden Domodossola nähert, kann rechterhand die mächtige Kirche von Cisore, die wie eine Wächterin über dem Eingang des Bognancotales steht, nicht übersehen. Der enge Austritt des Talflusses Bogna in die Tosaebene und die steilen Bergflanken lassen nicht erahnen, dass man im oberen Tal, dem Alto Bognanco, weite bewirtschaftete Alpen mit sanften Steigungen antreffen wird. Die vielen herabstürzenden Nebenbäche haben das Tal im Volksmund zum »Tal der 100 Wasserfälle« gemacht. Der gut angelegte Wanderweg der »Via Stockalper« erinnert daran, dass hier während Jahrhunderten ein wichtiger Transitweg über den Monscerapass ins Wallis führte. Neben den bescheidenen Einnahmen durch den Handelsweg und den Zuschüssen erfolgreicher Auswanderer bildete die Alpwirtschaft die Lebensgrundlage der Einwohner. Ihr Niedergang führte im letzten Jahrhundert zu einem starken Bevölkerungsschwund. Die Entdeckung von Heilquellen vor 150 Jahren ließen einen Mineralwasservertrieb und ein lange Zeit florierendes Trinkbad entstehen, das in jüngerer Zeit durch ein Thermalschwimmbad ergänzt wurde. Wenn der Kurbetrieb in unseren Tagen an Bedeutung verloren hat, so macht sich das Tal zunehmend als Erholungs- und Wandergebiet einen Namen. Die zwischen Kastanien- und Buchenwäldern liegenden kleinen Dörfer sind reich an architektonischen Kostbarkeiten. Das ausgebaute Wanderwegnetz und gute Einkehrmöglichkeiten sind Basis eines sanften Tourismus. Die Anfahrt mit dem öffentlichen Bus ermöglicht auch wenig anstrengende Wanderungen.

Aus den drei ursprünglichen Talgemeinden Monteossolano, Bognanco Fuori mit San Marco als Hauptort und Bognanco Dentro ist vor 100 Jahren eine einzige Gemeinde Bognanco mit San Lorenzo als Hauptort geworden. Das am Nordhang hoch über dem Talboden liegende **Monteossolano** (784 m) gehört mit anderen Dörfern des unteren Tales heute zu Domodossola und ist auf einer Fahrstraße erreichbar. Mit der nicht mehr benutzten Kirche San Gottardo, dem alten Pfarrhaus und schönen Dorfpartien ist es ein aussichtsreicher und sehenswerter Platz am Stockalperweg. Auf den Terrassierungen unterhalb des Dorfes lagen einst große Weinberge, deren Ertrag nach Süden und ins Simplongebiet exportiert wurde. **Bognanco Fonti** (668 m) liegt im engen Talgrund und beherbergt die im Sommer geöffnete Kuranstalt mit Hotels und einem großen schattigen Park. In der Blütezeit des Bades brachte eine heute stillgelegte Luftseilbahn die Gäste auf den sonnigen Aussichtsbalkon von **San Lorenzo** (955 m). Der Gemeindehauptort und das auf 1118 m liegende **Graniga** sind auf der bis San Bernardo hinaufführenden Straße erreichbar. Sie haben sich baulich entwickelt und sind zu gut besuchten Ausflugsplätzen geworden. Die schön gelegene Pfarrkirche San Lorenzo stammt aus dem 16. Jahrhundert und besitzt sehenswerte Fresken und Altarbilder.

Valle Antrona

Das von der Ovesca durchflossene enge Antronatal ist das touristisch am wenigsten entwickelte Seitental der Tosa. Es wird mit einem Busbetrieb ab Domodossola nur an Werktagen eher dürftig bedient. Der Besucher des Tales wird aber für die fehlenden Bequemlichkeiten reichlich entschädigt. Er trifft auf einfache, traditionsbewusste Menschen, eine urtümlich gebliebene Natur, interessante Dörfer und vor allem auf ein gut ausgebautes und unterhaltenes Wanderwegnetz. Ein besonderes Erlebnis ist die Wanderung auf den alten Wegstücken der »Strada Antronesca«, die von Villadossola über dem 2838 m hohen Antronapass nach Visp im Wallis führt. Der Passübergang wurde schon in den ersten Jahrhunderten nach Christus begangen, stand aber immer im Schatten von Simplon und Gries und wurde seit dem 17. Jahrhundert zunehmend durch Naturereignisse beeinträchtigt.

Das Antronatal ist reich an Bodenschätzen, die während Jahrhunderten und zum Teil bis in die jüngste Zeit hinein ausgebeutet wurden. Auf der Alpe Ogaggia fand man Eisenerz, im Valle Trivera Gold, und an mehreren Orten wurde Speckstein abgebaut. In der Zwischenkriegszeit fanden viele Einheimische Arbeit bei den Kraftwerk- und Staudammbauten im Talabschluss. Der Rückgang dieser Erwerbsquellen führte zusammen mit dem Ende des Passverkehrs zu einer Entvölkerung des Tales, die nach 1950 durch den Zusammenbruch der traditionellen Alpwirtschaft dramatische Formen annahm. Heute schwächt sich diese Entwicklung ab, und es lassen sich zunehmend junge Paare im unteren Teil des Tales nieder. Vor Kurzem wurde im oberen Teil des Tales ein Naturschutzgebiet geschaffen, das administrativ dem Naturpark Veglia Devero angegliedert ist.

Viele religiöse und gesellschaftliche Traditionen leben in diesem Tal, und nicht selten trifft man in Antronapiana noch ältere Frauen in der dunklen Werktagstracht. Bis in unsere Tage werden von verschiedenen Dörfern aus im Sommer

Der alte Griesweg überquert die Tosa bei Pontemaglio.

die »Autani« durchgeführt, das sind langdauernde Bittprozessionen nach festen Ritualen über die Alpen der Gemeinde. Die Tradition will, dass jede Familie durch mindestens eine Person vertreten ist.

Die unterste Gemeinde des Tales ist **Montescheno** (710 m), an sonniger Lage über dem Nebenfluss Brevettola gelegen. Sie besitzt schöne Maiensäße und im Sommer bewohnte Alpen, die höher am Berghang liegenden Ortsteile sind in letzter Zeit gewachsen. **Seppia-**

Für viele Berggänger sind die »Autani« von Montescheno auch eine sportliche Herausforderung.

na (557 m) erhielt als damals größtes Dorf im 12. Jahrhundert die erste Kirche des Tales. Der stattliche heutige Bau von Sant' Ambrogio mit dem romanischen Campanile dominiert das Straßendorf, das gegen den Berghang in kunstvoll angelegte Terrassen übergeht. **Viganella** (578 m), früher Mezzavalle genannt, im verhältnismäßig ebenen Mittelteil des Tales. Der einstige Sitz des Erzminenbetriebes mit den interessanten Gebäuden und Ortspartien wird als schönstes Dorf des Tales bezeichnet. Es liegt fast vier Monate im Schatten und feiert anfangs Februar in der Pfarrkirche Natività di Maria mit der »Candelora« (Lichtmess) die Wiederkehr der Sonne. Im Jahre 2006 hat es mit der Installation eines Sonnenspiegels, der im Winter das Dorfzentrum beleuchtet, weltweit Schlagzeilen gemacht. Mit der kürzlich abgeschlossenen Restaurierung des im Jahre 1494 erbauten Patrizierpalastes »Casa Vanni« trägt das Dorf zur Verbesserung der touristischen Infrastruktur des Tales bei. **Antronapiana** (908 m), am Scheideweg von Antrona- und Andollapass gelegen, ist Busendstation. Es war erster Etappenort nach dem beschwerlichen Weg über den Antronapass (ital. Passo di Saas) und pflegte so gute Beziehungen mit der Walliser Seite, dass die Bewohner den Übernamen »Saaser« erhielten. Die stattliche Dorfkirche San Lorenzo, kurz nach der Zerstörung des Dorfes durch den Bergsturz von 1642 errichtet, ist besonders wegen des barocken Hochaltars und des geschnitzten Taufsteins sehenswert.

Valle Anzasca

Das von Piedimulera (248 m) auf 31 km Länge zur Dufourspitze des Monte Rosa (4634 m) ansteigende Anzascatal hat neben landschaftlichen Höhepunkten eine reiche Geschichte und Kultur. Im Nebental der Olocchia wurden

Der Talschluss der Anza: Macugnaga mit Monte Rosa.

Spuren einer gallorömischen Gräberstadt gefunden. Im 13. Jahrhundert erfolgte vom schweizerischen Saastal her die Kolonisierung des obersten Talabschnittes durch die Walser, was wie im Pomatt zu einer Teilung in zwei sprachlich und kulturell unterschiedliche Talhälften führte. Erst im 19. Jahrhundert ist diese bei der Talenge von Morghen liegende Kulturgrenze durchlässiger geworden. Während mehr als 150 Jahren war das obere Talgebiet der wichtigste Goldlieferant Italiens. Auf dem Höhepunkt der Ausbeutung soll es sich um die größten Goldminen Europas mit 800 Beschäftigten, darunter vielen Bergknappen aus dem Tirol, gehandelt haben. Beinahe alle Ortschaften des in Ost-West-Richtung verlaufenden Tales liegen auf der Sonnenseite, im unteren Tal meistens oberhalb der heutigen Hauptstraße, die erst 1898 Macugnaga erreichte. Der alte Talweg durch diese Dörfer, die »Strà Granda«, kann noch fast durchgehend begangen werden. Das Tal ist durch einen Busbetrieb ab Domodossola erschlossen.

Im unteren Tal liegt das Dorf **Castiglione** (519 m) mit schönen Ortsteilen und der großen Pfarrkirche San Gottardo. Zur großen Gemeinde Calasca Castiglione gehören das Straßendorf **Molini** (480 m) mit der Wallfahrtskirche Madonna della Gurva auf einem Felsen in der Anza und die höher gelegenen Ortschaften **Vigino**, **Antrogna** und **Barzona**.

Bannio (669 m) im Seitental der Olocchia, 2 km von der Bushaltestelle Pontegrande entfernt, ist die älteste Siedlung des Tales. In der reich ausgestatteten und zum »Monumento Nazionale« erklärten Pfarrkirche hängt ein flämisches Bronzekruzifix. Es wurde von Söhnen des Tales in spanischen Diensten in die Heimat gebracht; ihre Nachfahren paradieren jedes Jahr Anfang August in den historischen Uniformen der »Milizia«. Auf der anderen Talseite liegt das ebenfalls sehenswerte Dorf **Anzino** (687 m).

Vanzone (675 m), das mit **San Carlo** (580 m) eine Gemeinde bildet, wird als das aristokratische Dorf des Tales bezeichnet. Die schöne Piazza, verschiedene kleine Paläste sowie 13 Oratorien und Kapellen auf Gemeindegebiet ließen Emigranten erbauen, die vor allem als Goldschmiede und Juweliere zu Reichtum kamen. Das ockerfarbige Flussbett des Rio Rosso über San Carlo ist einer eisenhaltigen Mineralquelle zu verdanken. Am Talfluss Anza befindet sich ein Kajak-Zentrum.

Zuhinterst im Talkessel, zu Füßen der imposanten Ostwand des Monte Rosa, liegt die ehemalige Walsersiedlung **Macugnaga** (1307 m, Z'Makana). Zwar sprechen nur noch wenige Menschen das »Makaneru Tiitsch«, aber das Walsererbe wird in mancherlei Formen gepflegt. Das Dorf ist der bekannteste Sommer- und Wintersportort der Ossola, bekundet aber Mühe, sich im Konkurrenzkampf der Ferienziele zu behaupten. Mehrere Schutzhütten des italienischen Alpenclubs dienen als Stützpunkte für Bergwanderungen und alpine Besteigungen, und zwei Seilbahnen erleichtern die Anstiege. Der alte Dorfteil liegt nordwestlich des heutigen Zentrums.

Valle Isorno

Der Fluss Isorno ergießt sich, von Nordosten kommend, wenige Kilometer oberhalb Domodossola in die Tosa. Nur am untersten Nordhang des gleichnamigen Tales liegen bewohnte Dörfer, die zur Gemeinde Montecrestese gehören. Das lange und enge Tal wird nicht vom öffentlichen Verkehr bedient; auch **Altoggio** (742 m), Ausgangspunkt mehrerer markierter Routen, hat nur eine bescheidene Busverbindung nach Domodossola. Wegen der abgeschiedenen Lage wird das Isornotal, dessen umliegende Gipfel bis 2500 m ansteigen, nur von wenigen Touristen besucht.

Der einsame Lago Motogno.

In diesem Führer sind keine Touren im Isornotal beschrieben. Der ausdauernde und orientierungssichere Bergwanderer findet aber aussichtsreiche und eindrückliche Wege über zum Teil noch bestoßene Alpen. Durch Anfahrt mit Auto auf teilweise asphaltierten Straßen können die Gehzeiten erheblich verkürzt werden. Lohnende Ziele sind die Umrundung des Monte Larone auf der Wasserscheide zum Antigoriotal, die zwei Routen über die Forcola di Larecchio ins Vigezzotal und der Höhenweg Lago di Matogno – Lago Gelato – Rifugio CAI Bonasson. Das auf 1925 m liegende, geschlossene Rifugio (Schlüssel beim Club Alpino Vigezzo, caivigezzo@libero.it) ist Stützpunkt des Fernwanderweges GTA auf dem Weg zwischen Bosco Gurin und dem Vigezzotal.

Valle Vigezzo

Als einziges Ossola-Tal endet das Vigezzo nicht unter Bergketten mit ewigem Schnee, sondern bildet in der Mitte eine Hochebene und geht 12 km östlich der Wasserscheide in das schweizerische Tal der Centovalli über. Bei Ribellasca wird dabei aus dem männlichen Talfluss Melezzo die weibliche Melezza, die sich kurz vor Locarno mit der Maggia vereinigt. Das Tal ist seit Langem eine Sommerfrische-Region, hat mittlerweile aber auch eine bescheidene Infrastruktur für den Wintersport aufgebaut. Seit 1923 ist es durch die Schmalspurbahn Domodossola – Locarno, deren Linienführung 83 Brücken und Viadukte aufweist, erschlossen. Von den Bewohnern wird sie liebevoll »Vigezzina«

Die weit über die Ossola hinaus bekannte Wallfahrtskirche von Re.

Talblick von der Cima de Sassone. Rechts die Piana di Vigezzo.

genannt, wobei diese Verkleinerungsform den modernen Zügen nicht mehr gerecht wird. Im Gegensatz zu anderen Ossola-Tälern war das Vigezzo schon früh der Welt zugewandt und erwarb sich durch seine Auswanderer einen gewissen Wohlstand. War die Auswanderung anfänglich durch Armut und Überbevölkerung bedingt, so konnte sich das Tal bald illustrer Emigranten rühmen: Juweliere am Französischen Hof, Ärzte, Juristen, hohe Militärs, Architekten und Ofenbauer. Ausgehend vom ehemaligen Talhauptort Craveggia entstand im 17. Jahrhundert eine Tradition berühmter Maler und Holzbildhauer, die dem Tal den Namen des »Valle dei Pittori« eintrug. Eine besondere Auswanderergruppe waren die Schornsteinfeger (spazzacamini), die bis ins letzte Jahrhundert hinein in italienischen und französischen Städten anzutreffen waren. Ihnen ist in Malesco ein Denkmal und in Santa Maria Maggiore ein Museum gewidmet.

Nach der Durchfahrt in Trontano, das administrativ nicht zum Vigezzotal gehört, fällt der Blick auf das am Sonnenhang liegende **Coimo** (817 m), eine der Fraktionen von **Druogno** (831 m). Es hat sich in den letzten Jahrzehnten touristisch stark entwickelt. Hier liegt die Wasserscheide zum Lago Maggiore. Das große, frühere Ferienhaus gegenüber der Bahnstation ist heute ein regionales Ausbildungszentrum. Westlich des Dorfes steht im Talgrund die Cappella dell'Addio, wo die Auswanderergruppen von ihren Familien Abschied nahmen. **Toceno** (907 m) ist das höchstgelegene und aussichtsreichste Dorf

In Malesco erinnert ein Denkmal an die »spazzacamini«.

des Tales. Es überrascht den Besucher mit noblen Häusern, idyllischen Gässchen und schönen Plätzen. Hier wurde Giovanni Pietro Jelmoli, Gründer des bekannten Zürcher Warenhauses, geboren. **Santa Maria Maggiore** (830 m) ist der Hauptort des Tales, Schnellzugstation und Ausgangspunkt der Busstrecken in die nahen Dörfer. Die grandiose Pfarrkirche, vom Vigezziner Maler Borgnis ausgemalt, steht auf den Mauern eines vor dem Jahr 1000 erbauten Gotteshauses. Sehenswert sind die Pinakothek der Scuola delle Belle Arti und das Kaminfegermuseum. Am Südrand der Hochebene liegen Sportanlagen und Campingplätze. **Craveggia** (885 m) am Südhang abseits der Hauptstraße wird als das schönste Dorf des Tales bezeichnet. Neben der reich ausgemalten Pfarrkirche, dem achteckigen Baptisterium und dem Oratorio Santa Marta beeindrucken die herrschaftlichen, mit Fresken geschmückten Häuser sowie die schönen Dächer und Kamine. Zum Gemeindegebiet gehören die nördlich einer Bergkette unmittelbar an der Grenze zum schweizerischen Onsernonetal liegenden **Bagni di Craveggia** (977 m). Seit 1770 nutzte hier ein recht komfortables Heilbad die warmen Mineralquellen, und viele Vigezziner unternahmen den beschwerlichen Weg über die 1841 m hohe Bocchetta di Sant'Antonio oder die noch höhere Bochetta della Cima mit der Hoffnung auf Heilung. Das Kurhaus wurde Opfer des Lawinenwinters 1951, und seither ergießt sich das Thermalwasser in den Talfluss. Seit einiger Zeit sind Bestrebungen zur Wiederaufnahme des Kurbetriebes im Gange. Das 1 km westlicher gelegene schöne Dorf **Vocogno** (880 m) gehört ebenfalls zur Gemeinde Craveggia. **Malesco** (764 m) auf der Schattenseite des Tales war schon zur Römerzeit bewohnt. Das Dorf mit den schönen Plätzen und Bürgerhäusern verdankte seinen Wohlstand jahrhundertelang den technischen Pionierleistungen der Einwohner: Baumflößen auf dem Loana-Fluss, Kalkbrennen sowie Gewinnung und Verarbeitung von Speckstein. Auch das zuoberst im Cannobinatal liegende **Finero** (896 m) gehört zur Gemeinde Malesco. Der Wallfahrtsort **Re** (710 m) ist weit über die Ossola-Täler hinaus bekannt. Seine Entstehung geht auf eine Begebenheit am Ende des 15. Jahrhunderts zurück. Nach dem Steinwurf eines Betrunkenen auf die Stirn eines Madonnenbildes soll dieses zu bluten begonnen haben. Über der ursprünglichen Wallfahrtskapelle wurde 1922 eine monumentale Rundkirche errichtet. In vielen Wegkapellen der ganzen Ossola und auch des nahen Kantons Tessin ist das Marienbild mit der blutenden Stirnwunde zu sehen. Nordwestlich von Re liegt auf 843 m das gepflegte Dorf **Villette** mit seinen schönen Sonnenuhren. Das kleine Heimatmuseum »Cà di feman« (Haus der Frauen) ist der Arbeit und der Kultur der Frauen im Tal gewidmet.

Val Grande

Das Val Grande im engeren Sinne ist ein wildes Gebirgstal mit vielen Nebentälern, das von der Bergkette südöstlich von Domodossola Richtung Intra am Lago Maggiore verläuft. Der gleiche Name wird aber in der Regel für das Gebiet des Parco Nazionale Val Grande verwendet, der im inneren Teil des Territoriums zwischen Valle Vigezzo, Valle Cannobina, Lago Maggiore und Ossola Inferiore liegt. Dieses seit 1992 geschützte größte Wildnisgebiet Italiens umfasst neben dem Val Grande auch das Einzugsgebiet des Val Pogallo sowie einzelne weitere Territorien. So reicht es in der Unteren Ossola streckenweise weit ins Tal hinunter.

Im Val Grande lagen schöne Weidegebiete, in welche die Bewohner der umliegenden Dörfer während Jahrhunderten jeweils im Sommer in beschwerlichen Märschen zogen. Die ausgedehnten Wälder lieferten Bau- und Brennholz; in jüngerer Zeit wurde der Holzschlag in großem Maß und rücksichtslos betrieben. Das unwegsame Gebiet war im Zweiten Weltkrieg Rückzugsgebiet der Partisanen, was die Besatzungstruppen zur systematischen Zerstörung der Alpgebäude veranlasste. Nach dem Krieg wurde manches wieder aufgebaut und die Bestoßung einiger Alpen aufgenommen. Doch der Zusammenbruch der traditionellen Alpwirtschaft war nicht aufzuhalten, und im Jahre 1969 sömmerte Renzo Primatesta aus Premosello das letzte Mal auf der schön gelegenen Alpe Serena. Die alpine Kulturlandschaft begann sich in eine Wildnis zurückzuverwandeln.

Naturerlebnis Val Grande: Abstieg von Alpe Scaredi durch das Val Portaiola.

Walserhäuser in Ponte.

Im Jahre 1985 weckte der Alpinist und Schriftsteller Teresio Valsesia mit seinem Buch »Val Grande – ultimo paradiso« das Interesse weiter Kreise an diesem von der Natur zurückeroberten Gebiet. Er beschrieb viele Exkursionsrouten und machte einen konkreten Vorschlag für die Schaffung des Nationalparks, nachdem bereits erste Naturreservate bestanden. Der bald darauf errichtete Nationalpark mit Sitz der Verwaltung in Vogogna ist dem »Wilderness-Konzept« verpflichtet: Schutz und Erhaltung der nicht mehr bewirtschafteten Landschaft, aber Öffnung als Erlebnis- und Erholungsraum. Das kulturelle Erbe wird bewusst weitergetragen, z. B. durch Naturpfade mit Informationstafeln und durch Veranstaltungen. Auf komfortable Unterkünfte wird verzichtet, es existiert aber eine größere Zahl immer geöffneter Biwakhütten. Das Val Grande ist ein faszinierendes Trekkinggebiet, das ausdauernden und orientierungssicheren Bergwanderern mit geeigneter Ausrüstung vorbehalten bleibt. Die Wege sind nur streckenweise markiert, die Distanzen zwischen den Stützpunkten können lang sein, oft ist das Wasser rar, nur an wenigen Plätzen gibt es Mobiltelefonempfang. Dieser Führer beschreibt einige Routen am Rande des Val Grande. Für Interessierte wird auf den 2008 im Rotpunktverlag erschienenen Wanderführer »Nationalpark Val Grande« von Bernhard Herold Thelesklaf verwiesen, der sehr informativ ist und viele Routenbeschreibungen enthält.

Die Walser

Schon vor der ersten Jahrtausendwende unseres Zeitalters ließen sich ale-
mannische Volksgruppen, von Norden kommend, im kaum oder nur spärlich besiedelten heutigen Walliser Hochtal Goms nieder. In kurzer Zeit ak-
klimatisierten sie sich und entwickelten Formen und Techniken der
Alpwirtschaft, die ihr Überleben in extremen Höhenlagen sicherstellten.
Nach und nach siedelten sie auch in den weiter westlich gelegenen Nebentälern der Rhone. Ab dem 13. Jahrhundert begannen einzelne Gruppen ihren Wohnsitz zu verlassen und eine neue Heimat zu suchen. Während zwei Jahrhunderten folgten ihnen weitere und besiedelten immer
entlegenere Gebiete. Der erste größere Auswandererschub erfolgte über
die damals schneefreien Alpenpässe in die norditalienischen Gebirgstäler
um den Monte Rosa. Im Gebiet der Ossola entstanden Siedlungen im Pomatt (heutiges Formazzatal), im Deverotal (Opso und Agarn), in Macugnaga zu Füßen des Monte Rosa und an den Berghängen oberhalb des Dorfes
Ornavasso. Weitere Ziele der Auswanderer waren die Aostatäler und Gebiete im oberen Sesiatal. Später entstanden Kolonien im heutigen Graubünden, im Vorarlberg und im Allgäu, wobei ein Teil dieser Besiedlungen
von der Ossola her erfolgte. Schließlich zogen kleinere Gruppen auch in
Gebiete Savoyens und des heutigen Kantons Bern.
Was bewog diese Menschen, die Ahnen der heutigen Oberwalliser und
später von den Forschern Walser genannt, ihren Wohnsitz zu verlassen?
Während man lange den Kinderreichtum und fehlende Landreserven als
Ursache vermutete, ergaben jüngere Forschungen neue Aspekte. Eine gut
dokumentierte Hypothese geht von den Veränderungen im politischen
Umfeld aus. Sie zeigt auf, dass in jener Zeit die Adelsgeschlechter im Rho-
netal ihren Einfluss immer weiter in die Seitentäler ausdehnten, und dass
dadurch die bäuerliche Bevölkerung zunehmend in den Hörigenstand ge-
riet. Dies dürfte einen selbstbewussten und risikobereiten Teil der ehemals
freien alemannischen Siedler zu einer politisch motivierten Auswanderung
bewogen haben. Sie erfolgte wahrscheinlich in kleinen Gruppen und hatte
anfänglich fast ausschließlich Gebiete zum Ziel, die im Besitz oberi-
talienischer Klöster waren. Dort wurden die Selbstverwaltungsrechte der
neuen Siedler anerkannt. Die an harte Lebensbedingungen gewöhnten
Einwanderer waren bald als Bebauer brachliegender Gebirgsgebiete und
als Passhüter geschätzt und konnten außerordentliche Freiheitsrechte er-
werben, welche die im Umfeld der neuen Siedlungen bereits Ansässigen
nicht besaßen. In der Folge wurden einzelne Gruppen auch gezielt von
Feudalherren angeworben. So ergab sich, dass die Walser – meistens im
oberen Teil der Täler – während Jahrhunderten mit ihrem selbstgewählten
Ammann in verhältnismäßig großer Autonomie und in Abgeschiedenheit

lebten. Bei den Südwalsern, wie die ins heutige Italien Ausgewanderten später genannt wurden, war dies besonders ausgeprägt. Sie pflegten kaum Kontakt zu den »Welschen«, den Menschen ihrer romanischen Umgebung, und beschränkten ihre Beziehungen auf die alte Heimat und auf ihre Landsleute in benachbarten Siedlungen.

Auf unseren Touren begegnen wir mehreren ehemaligen Walsersiedlungen, auf dem Grenz-Trekking auch außerhalb der Ossola. Während im Pomatt und in Macugnaga die von der Sonne gebräunten Holzhäuser das Wahrzeichen der Walser sind, dominieren anderswo, nach Bränden oder wegen Mangel an geeignetem Holz, Steinhäuser. Wer die Augen offen hat oder etwa ein Museum besucht, findet an diesen Orten eine Fülle von Zeugen der Vergangenheit. Beeindruckend ist die Innovationsfähigkeit der vergangenen Generationen, sei es nun im Bereich der Arbeitstechniken wie in der Suche nach einer erweiterten wirtschaftlichen Basis. Sie steht in deutlichem Gegensatz zur konservativen Grundhaltung, die man den Walsern zuschreibt. In der Tat bewahrten sie in ihren Siedlungen ihre Sitten und Gebräuche bis ins 20. Jahrhundert hinein und widerstanden manchen Umwelteinflüssen. Ein schwerer Einbruch in die Existenz der höher gelegenen Siedlungen war der Gletschervorstoß der »Kleinen Eiszeit« ab dem 17. Jahrhundert. Er vernichtete viel Kulturland und unterband wichtige Verbindungen zu anderen Siedlungen. Verschiedene wirtschaftliche und politische Veränderungen besiegelten im letzten Jahrhundert das Ende der walserischen Bergbauerngemeinschaften. Die Siedlungen Agarn und Moraschg versanken in Stauseen, das faschistische Regime Italiens verbot das Deutsche als Umgangssprache und hob die Gemeindeautonomie durch Eingliederung in größere Einheiten auf. Schließlich führte der Niedergang der Alpwirtschaft zur Abwanderung aus den Bergtälern.

Obwohl der italienische Staat nach Kriegsende das Sprachverbot aufhob und später besondere Förderprogramme für Minderheiten in Kraft setzte, sprechen in den noch bewohnten ehemaligen Walsersiedlungen nur noch wenige ältere Menschen das heimelige »Walser-Tiitsch«. Wir Heutigen bewundern diese Menschen, denen es gelang, über Jahrhunderte hinweg freie Leute zu bleiben. Wir zollen ihnen aber auch Respekt für die Härte und Konsequenz, mit der sie sich ihre freiheitliche Lebensart unter schwierigen Umständen erkauften. Über die Walser existiert, auch in italienischer Sprache, eine umfangreiche Literatur. Die Internationale Vereinigung für Walsertum mit Sitz in Brig setzt sich zum Ziel, das Kulturgut dieser einzigartigen Volksgruppe zu erhalten (www.wir-walser.ch).

Rechts: Wallfahrt der Pomatter zum St. Gotthard. Freskendetail aus der Kirche von Altillone.
Seite 56/57: Auf dem »Sentiero dei Fiori« zur Alpe Veglia.

Der Weg der Berner in die Lombardei

Griessee, nach Norden. Griespass am rechten Bildrand.

Über den Griespass verlief jahrhundertelang die wichtigste Transitroute zwischen Bern und Mailand. Der Vertrag von Münster aus dem Jahr 1397 regelte die Zuständigkeiten der Partner – einer davon war die Stadt Bern – hinsichtlich Warentransport und Weginfrastruktur bis ins Detail. Wichtigste Güter im Nord-Süd-Verkehr waren Käse (vor allem Sbrinz) und Vieh, in umgekehrter Richtung Wein, Reis, Salz und Öl. Der blühende Verkehr erhielt durch den Bau der napoleonischen Simplonstraße im Jahre 1805 einen ersten Dämpfer, und 80 Jahre später setzte die Gotthardbahn der Säumerei ein Ende. Heute findet man am Griespass eine gut ausgebaute und landschaftlich dankbare Wanderroute, und der Wanderer kann sich vom Postauto bis kurz vor die Nufenen-Passhöhe fahren lassen.

Ausgangspunkt: Abzweigung Griespass (2303 m), Haltestelle der schweizerischen Postautolinie Airolo–Oberwald.
Endpunkt: Riale/Z'Chärbäch (1729 m), siehe Tour 2 und 3.
Höhenunterschied: Aufstieg 200 m, Abstieg 770 m.
Anforderungen: Gut markierter Weg, teilweise rau und steil.

Einkehr und Unterkunft: Locanda Walserschtuba Riale, Tel. 0324 634352 oder 339 3663330, www.locandawalser.it.
Karten: 265 T Nufenenpass 1:50.000.
Varianten: Aufstieg vom Goms ab Obergestelen oder Ulrichen auf schönem Weg durch das Aeginental, Höhendifferenz total 1150 m, gute 3 Std. länger. Verbindung zum San-Giacomo-Pass, siehe Tour 3.

Von der Postautohaltestelle **Abzweigung Griespass** (2303 m) folgt man der Werkstraße zum Staudamm des Griessees und trifft bald auf die Einmündung des Wanderwegs vom Tal her. Im Frühsommer kann hier noch viel Schnee liegen. Vor der Staumauer zweigen wir nach links ab und erreichen

Abzw. Griespass 2303 m	Mändeli 2498 m	Griespass 2479 m	Lago di Morasco 1815 m	Riale 1729 m

0   0.40   1.20   2.50   3.30 h

das Kreuz bei Mändeli (2498 m), dem höchsten Punkt unserer Tour. Der alte Griesweg liegt unter der Seeoberfläche und führte seit der »Kleinen Eiszeit« im 17. Jahrhundert über die Zunge des Griesgletschers. Über einen Moränenkamm gelangen wir zur Landesgrenze beim **Griespass** (2479 m). Bei der Kapelle, die als einfache Schutzhütte eingerichtet ist, findet jährlich am ersten Sonntag im August ein Treffen der Bevölkerung des Goms und des Pomatt statt.

Mit Blick auf das Ofenhorn und den tief unten liegenden Morasco-Stausee steigen wir nun auf gutem Pfad recht steil ab. An einigen Stellen sind Stützmauern und Pflasterungen des früheren Weges sichtbar. Bei der Alp Bättelmatt (2100 m), deren Käse in ganz Oberitalien einen Namen hat, bleiben wir auf der rechten Seite des Baches und erreichen den **Lago di Morasco** (1815 m). In diesem liegt seit 1940 die Walsersiedlung Moraschg begraben. Nun wandern wir auf einem Fahrsträßchen durch den Boden der Alta Formazza und gelangen an unser Ziel **Riale** (1729 m).

Panoramablick und Kontakt mit einem innovativen Hilfswerk

Bis vor Kurzem war das Herzstück dieser Rundtour ausgewiesenen Alpinisten vorbehalten. Der Rückgang der Gletscher und die Nähe gut besuchter Hütten haben dazu geführt, dass die Passage regelmäßig begangen wird und bei guten äußeren Bedingungen auch erfahrenen Bergwanderern empfohlen werden kann. Zwei der Hütten (Rifugio 3A und Rifugio Claudio e Bruno) gehören dem in den peruanischen Anden tätigen Hilfswerk Mato Grosso und wurden von Sympathisanten in harter, freiwillig geleisteter Arbeit erstellt.

Ausgangspunkt: Riale (Z'Chärbäch) (1729 m), im Hochsommer Endstation der Buslinie Domodossola–Formazza (übrige Zeit Endstation Ponte).

Höhenunterschied: 1190 m.

Anforderungen: Begangene und mit Wegweisern versehene Bergwege. Der Aufstieg zur Hütte 3A ist kein offizieller Wanderweg, ist aber in seinem Verlauf gut sichtbar und mit Steinmännchen gekennzeichnet. Die wechselnden Schneeverhältnisse und das steile Gelände erfordern Bergerfahrung und Blick für optimale Routenwahl. Im Zweifelsfall ist eine Anfrage bei einer der Hütten angezeigt. Empfohlene Jahreszeit: Ende Juli–September.

Einkehr und Unterkunft: Rifugio Città di Busto CAI, Piano dei Camosci, 52 Schlafplätze, Tel. 0324 63092 oder 347 5566808, www.rifugiocittadibusto.it. Rifugio 3A und Rifugio Claudio e Bruno, jeweils 90 Schlafplätze, Tel. 347 9058659, www.donbosco3a.it.

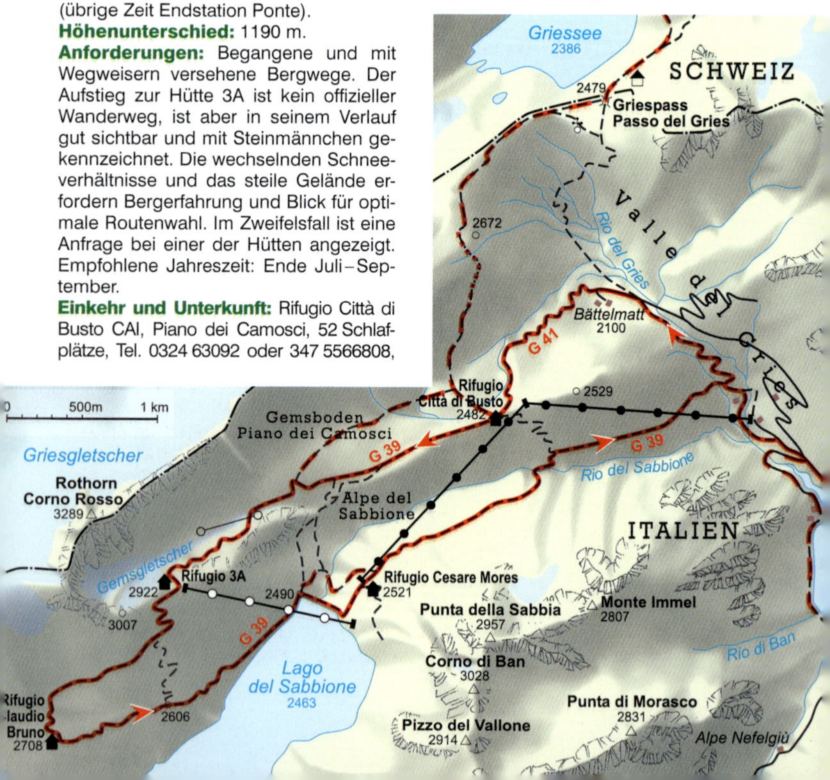

Rifugio Città di Busto Ende August. Das Rifugio 3A liegt im Sattel über der Hüttentür.

Das Rifugio Cesare Mores ist zurzeit geschlossen.

Karten: 265 T Nufenenpass 1:50.000, Wanderkarte Binntal/ Veglia – Devero, 1:25.000.

Varianten: Bezeichnete Verbindung zwischen Rifugio Città di Busto und Griespass über Punkt 2672 am Bättelmatthorn, zum Teil steiles und abschüssiges Gelände, T3.

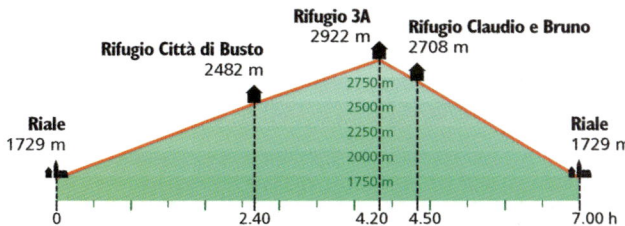

Von **Riale** erreicht man auf dem Griesweg (Tour 1) die Alpe Bättelmatt und auf der Route G 41 das **Rifugio Città di Busto** (2482 m). Dann folgt man der G 39. Wo diese in Richtung Staudamm abbiegt, steigt man zur Mittelmoräne des Gemsgletschers an und wendet sich beim ersten Skilift-Mast über den Gletscher nach links zu den Felsen. Dort führt der Weg längs der Gletschermulde steil weiter und erreicht nach einer Linkskurve das gut sichtbare **Rifugio 3A** (2922 m). Die herzliche Aufnahme und eine großartige Rundsicht belohnen die Anstrengungen des Aufstiegs. Nun folgt ein sehr schönes Wegstück in angenehmem Gefälle zum **Rifugio Claudio e Bruno** (2708 m) und weiter zum Staudamm des **Lago del Sabbione** (2490 m). Man überquert diesen, passiert das Rifugio Cesare Mores und erreicht auf einer kleinen Ebene den Rio del Sabbione und die kleine Hütte »Zum Stock«. Der Weg steigt nun kurz an und führt am linken Hang des steilen und engen Tales zur Route des Grieswegs und weiter nach **Riale**.

61

Vom schweizerischen Bedrettotal in die Ossola

Dass der San-Giacomo-Pass in der Vergangenheit nicht nur lokale Bedeutung hatte, geht aus der Säumerordnung des Kantons Uri aus dem Jahr 1383 hervor, welche die Warentransporte ins Piemont regelte. Im 15. Jahrhundert zogen mehrmals eidgenössische Heere und Freischaren über den Pass und besetzten Teile der Ossola. In der Gegenrichtung pilgerten die Pomatter auf einem langen und beschwerlichen Tagesmarsch im Juli jeden Jahres zur Kapelle ihres Schutzpatrons auf dem St.-Gotthard-Pass. Während auf der steileren Nordseite des Passes mehrere Alpen liegen, hat der Kraftwerkbau auf dem flacheren italienischen Gebiet Stauseen und Straßen entstehen lassen. Hier findet der Wanderer unweit der Passhöhe ein Zeitzeugnis, das beweist, dass Erlebnistourismus nicht erst ein Kind unserer Tage ist. 1929 profitierte ein findiger Wirt vom Kraftwerkbau, erwarb von der italienischen Staatsbahn je einen Speise- und Schlafwagen und ließ diese zersägt auf der Werkstraße an diese Stelle bringen. Er baute aus den Wagen ein exklusives Alpenhotel, für das der Mailänder Stararchitekt Piero Portaluppi noch einen attraktiven gemauerten Mittelteil entwarf. Leider war dem »Wagoristorante San Giacomo Pescatore« nur ein kurzes Dasein beschieden. Der Ausbruch des Zweiten Weltkrieges ließ die Gästezahl sinken, und schließlich wurden die Wagen von Partisanengruppen bei ihrer Flucht in die Schweiz zerstört. Geblieben sind zwei Reihen von Betonpfosten.

Blick in den grünen Alpboden oberhalb des Tosafalls.

Ausgangspunkt: All'Acqua/Kanton Tessin (1614 m), Haltestelle der schweizerischen Postautolinie Airolo–Nufenenpass – Oberwald.

Endpunkt: Riale (Z'Chärbäch) (1729 m), im Hochsommer Endstation der Buslinie Formazza von Domodossola her. In der übrigen Zeit fahren die Busse nur bis Ponte Formazza.

Höhenunterschied: Aufstieg 700 m, Abstieg 580 m.

Anforderungen: Gut bezeichnete Bergwege, auf italienischem Boden längere Strecken auf Naturstraßen.

Einkehr und Unterkunft: Albergo Ristorante All'Acqua, Tel. 0041 91 8691185, www.allacqua.ch.
Rifugio CAI Maria Luisa, Tel. 0324 63086 oder 348 4444316, www.rifugiomarialuisa.it.
Rifugio CAS Corno Gries, Tel. 0041 91 8691129, www.capanneti.ch.
Albergo Ristorante Aalts Dorf Riale, Tel. 0324 634355 oder 329 1257417, www.aaltsdorf.it.

Karten: 265 T Nufenenpass 1:50.000.

Varianten: Ab Kapelle San Giacomo führt ein schöner, am steilen Hang angelegter Panoramaweg mit einigen leicht ausgesetzten Stellen (T3) zur modern umgebauten und bewarteten Hütte Corno Gries des Schweizerischen Alpenclubs (2338 m), 1 ½ Std. Von dort Abstieg zu Bushaltestelle Cruina, 40 Min.
Sowie über den Cornopass (2485 m) zum Griespass, 1 ¼ Std. oder zur Bushaltestelle Abzw. Griespass, 1 ½ Std. siehe Tour 1.
Vom Giacomopass über botanisch und geologisch (Karstboden) interessantes Gebiet zu den Laghi di Boden (2342/2348 m) und zur Route G 24 Richtung Bocchetta di Val Maggia, 45 Min.
Vom Tosafall auf steilem Weg zur Alpe Ghighel (2132 m), dann zum ca. 100 m höher liegenden Querweg und zum Rifugio Maria Luisa, 2 ½ Std. siehe Tour 4.
Von Alpe Ghighel auf blumenreichem Weg zum Lago Nero (2428 m), 1 ¼ Std. (nicht mehr auf Kartenausschnitt dargestellt).

Etwa 300 m nach der Postautohaltestelle **All'Acqua** (1614 m) verlassen wir die Passstraße, überqueren den Fluss und folgen dem rauschenden jungen Ticino. Nach einem kleinen Bach zweigt der gute Weg nach Süden ab und erreicht – von Lärchen und Heidelbeersträuchern gesäumt – die Alpe Val d'Olgia (2063 m) mit ihrem großen Stall. Nach dem Wegweiser südwestlich der Alp sind die Wegmarkierungen nicht mehr leicht zu erkennen. Wir halten auf den mittleren Stromleitungsmast zu und steigen dann zum südwestlich gelegenen Wegweiser auf. Bald ist die weiße Kapelle von **San Giacomo** (2254 m) in Sicht. Sie wurde 1988 durch Spenden der dort dienstleistenden Grenztruppen renoviert. Hier führt der Weg über das kleine Stauwehr, und in leichter Steigung wird der **Passo San Giacomo** (2313 m) erreicht. Nach den Ruinen des aus dem 15. Jahrhundert stammenden Hospizes erreicht man in leichtem Gefälle auf der wenig befahrenen Naturstraße den Toggia-Stausee und, mit den nördlichsten Bergen des Piemont vor Augen, das unterhalb des Damms liegende **Rifugio Maria Luisa** des CAI (2160 m). Auf dem gut angelegten Wanderweg und kurzzeitig auch auf der Werkstraße steigen wir weiter ab und gelangen etwa 100 m östlich der Brücke zum Boden der Hochebene von **Riale** (1729 m).

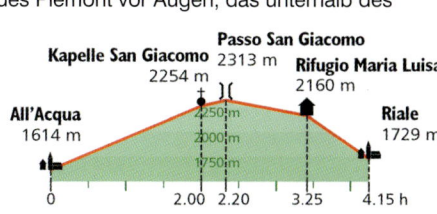

63

Großer Rundweg um die Walsersiedlung Pomatt

Das im 13. Jahrhundert von Walsern besiedelte Hochtal des Pomatt weist landschaftlich und kulturell eine außerordentliche Vielfalt auf. Während die Gegend um den Hauptort Ponte vor 200 Jahren vom Genfer Naturforscher Horace Bénédict de Saussure als lieblich und pastoral beschrieben wurde, hat die von Dreitausendern flankierte Alta Formazza eindeutig alpinen Charakter. Wir erleben im Aufstieg das Naturwunder des Tosafalls und passieren typische Walsersiedlungen. Leider musste der schöne Abstiegsweg durch das Vanninotal einer Alperschließungsstraße weichen. Dank guter Unterkunftsmöglichkeiten kann die beschriebene Route nach Belieben unterteilt werden.

Ausgangspunkt: Ponte Formazza/Zum Schtäg (1286 m), Busendstation der Linie Domodossola–Formazza (im Hochsommer verkehren einige Kurse bis Riale). Von Mitte Juni bis Ende August Sessellift zum Sagersboden, Tel. 0324 63114 oder 348 0941964, www.valformazza.it.
Höhenunterschied: 1300 m.
Anforderungen: Angenehmer Aufstieg zum Tosafall, letztes Stück steil. Passübergang gut bezeichnet, im Juni oft noch Schnee. Längere Wegstrecken auf Alpsträßchen.
Einkehr und Unterkunft: Rifugio Bim Se(e) unter dem Morasco-Staudamm, 21 Schlafplätze, Zimmer mit Dusche/WC, Tel. 339 5953393; Rifugio CAI Eugenio Margaroli Alpe Vannino, 66 Schlafplätze, Tel. 0324 63155, 349 5795798 oder 0324 46558, www.rifugiomargaroli.it.
Karten: 265 T Nufenenpass 1:50.000, Wanderkarte Binntal/Veglia-Devero im Maßstab 1:25.000.
Varianten: Interessanter, aber anspruchsvoller Übergang Bocchetta del Gallo (2498 m), wenig begangen mit einzelnen exponierten Stellen, T3, Beginn beim Hotel Tosafall über die kleine bewaldete Anhöhe, 3¾ Std. bis Rifugio. Die eher mühsame Abkürzung ab Hotel »Schneehendli«, Alpe Stafel, auf Sträßchen zum Wasserreservoir, dann zum Teil pfadlos durch Erlen zum Querweg nach Furculti und zur Originalroute ist nur bei guter Sicht zu empfehlen.
Tipp: Wegen der Stromproduktion stürzt die volle Wassermenge des Tosafalls nur ab Mitte Juni bis September zu bestimmten Zeiten über die Felsen zu Tale (zur Zeit werktags von 11.30–13.30, sonntags 10.00–16.00 Uhr). Auskunft erteilt das Verkehrsbüro, Tel. 0324 63059, www.valformazza.it.

Vom Gemeindehaus **Ponte** folgen wir der Fahrstraße nach Norden, überschreiten nach dem monumentalen Kraftwerk die Tosa und passieren den Ortsteil Brendo/Brändu. Nach einem flachen Wegstück überwinden wir eine bewaldete Geländekuppe und erreichen **Canza**/Früttwald (1412 m), das als das ursprünglichste Pomatterdorf gilt. Seit Kurzem bleibt der Wanderweg auf der westlichen Seite der Tosa und überwindet auf der Schneise der Erdgasleitung vom niederländischen Maastricht in die Lombardei eine Geländestufe. Ein überraschender Blick auf den Tosafall belohnt die Anstrengung des Aufstiegs. Nach einem sanften Abstieg zu den Häusern von Sotto Frua nähern wir

Lago di Morasco, hinten der Passo di Nefelgiù.

uns dem imposanten Fall, überqueren seinen Abfluss und steigen auf steilem, aber gut angelegtem Fußweg die 143 m Fallhöhe zum **Albergo Cascata** (1675 m) hoch. Es ist zu beachten, dass das Schauspiel des herabstürzenden Wassers nur zu bestimmten Zeiten zu sehen ist (s. Tipp). Vom legendären Hotel, das heute nur noch als Restaurant geführt wird, steigen wir zu einem Sattel an und erreichen in offenem Gelände mit vielen Wegspuren und mit Blick auf das weite Hochtal die erste Häusergruppe von **Riale**/Z'Chärbäch (1729 m). Etwas südlich davon ist die Busenstation, bis zum Dorfzentrum sind es noch ca. 200 m.

Die Staumauer des Morascosees und das enge Griestal vor Augen, folgen wir der Fahrstraße, überqueren unter dem Damm die junge Tosa und gelangen über eine Abkürzung zum **Rifugio Bim Se(e)** (Morasco) auf ca. 1800 m. Ein Alpsträßchen bringt uns in Serpentinen auf die Anhöhe von Furculti, und in sanftem Abstieg erreichen wir die **Alpe Nefelgiù** (2048 m). Hier beginnt der gut bezeichnete Alpweg, der auf der westlichen Seite des Baches verläuft und streckenweise durch Geröll führt. Im Frühsommer liegt hier noch lange Altschnee, was den Aufstieg eher erleichtert. Bald öffnet sich das Tal und lässt den Einschnitt des **Passo di Nefelgiù** (2583 m) erkennen. Die Stauseen des Vanninotales und die Berge um das Ofenhorn kommen in unser Blickfeld. Der Weg bleibt weiterhin auf der westlichen Talseite, wird entlang eines Bachs kurz recht steil und führt dann rechts in die Alpweiden.

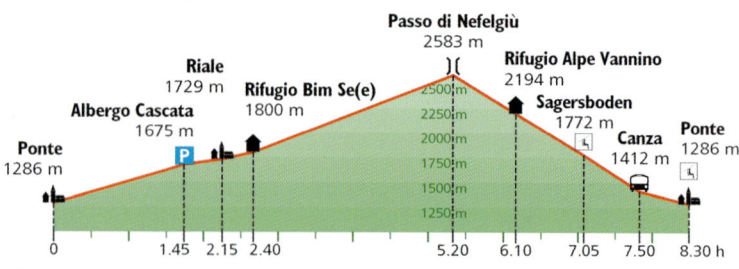

In Kürze ist das dem Alpinisten Eugenio Margaroli gewidmete **Rifugio Alpe Vannino** (2194 m) erreicht. Nun folgt ein sanfter Abstieg auf dem kürzlich verlängerten Alpsträßchen durch das blumenreiche Tal, bevor wir an wilden Wasserläufen vorbei zur Sesselliftstation **Sagersboden** (1772 m) gelangen. Der Weg G 33 biegt nun nach Norden ins Haupttal der Tosa ein. Streckenweise verlässt er das Sträßchen und führt in den Wald nach **Canza** (1412 m) hinunter. Von hier aus erreichen wir den Ausgangspunkt **Ponte**.

5 **_Guriner Furggu (2323 m)_**

5.40 Std.

Auf dem legendären Walserweg über die Landesgrenze

Um das Jahr 1244 zog ein gutes Dutzend Familien aus der noch jungen Walserkolonie Pomatt über die Gebirgsscharte zwischen Martschenspitz und Ritzberg. Der Locarneser Heerführer Simone di Orelli hatte ihren Vätern für geleistete Söldnerdienste einige Alpen im obersten Valle di Bosco Gurin als Lehen vergeben. Während Jahrhunderten war die Guriner Furggu für diese Auswanderergruppe die Lebensader zur ennetbirgischen Muttergemeinde, lange bevor sie den Weg hinunter ins Maggiatal baute und schließlich 1803 die einzige deutschsprachige Gemeinde des neu geschaffenen Schweizer Kantons Tessin wurde. Im Zweiten Weltkrieg war der Passübergang als Fluchtweg für Partisanen und Zivilbevölkerung, aber auch als Schmugglerpfad bekannt. Heute ist Bosco Gurin ein viel besuchter Ausflugsort mit einem bescheidenen Wintersportbetrieb. Die Gemeinde pflegt die Walser Traditionen und hat ihnen im Museum »Walserhaus« eine Heimstätte geschaffen. Allerdings sprechen nur noch wenige Leute das heimelige »Guriner Tiitsch«.

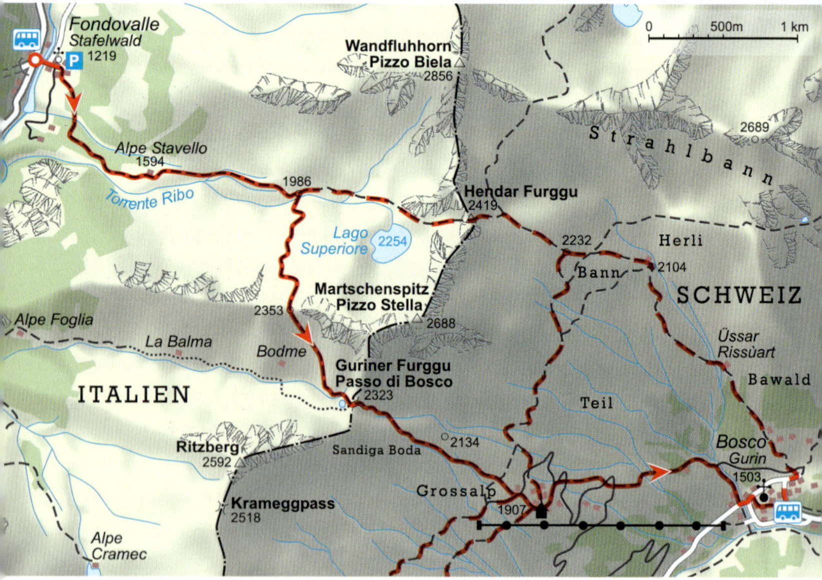

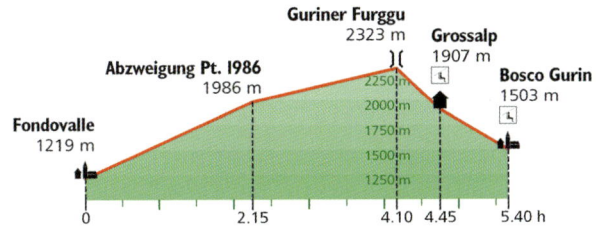

Traversierung unter dem Martschenspitz. Hinten die Furggu.

Ausgangspunkt: Fondovalle/Stafelwald (1219 m), Haltestelle an der Buslinie Domodossola–Formazza. Zugang von Ponte/Zumschtäg auf wenig befahrenem Sträßchen östlich der Tosa, ¾ Std.

Endpunkt: Bosco Gurin (1503 m), Endstation der Schweizer Postautolinie Cevio–Bosco Gurin, www.autopostale.ch/ti. Anschluss nach Locarno und zur Bahnlinie nach Domodossola. Sessellift Grossalp–Bosco Gurin, Juli und August in Betrieb. Guter Wanderweg nach Cevio. Weitere Informationen: www.bosco-gurin.ch.

Höhenunterschied: Aufstieg 1130 m, Abstieg 850 m.

Anforderungen: Bezeichnete Bergwege, in der Querung zwischen Pt. 1986 zum Pass einige steile und anspruchsvolle Stellen.

Einkehr und Unterkunft: In Fondovalle Restaurant, aber keine Unterkunft. Hotels in der Nähe: www.valformazza.it. Essen und einfache Unterkunft in der Capanna Grossalp, Tel. 0041 91 7541680 oder 0041 79 5616888, www.capannagrossalp.ch. Hotel Walser (mit Touristenlager) in Bosco Gurin, Tel. 0041 91 7590202, www.hotel.boscogurin.ch.

Karten: 275 T Valle Antigorio 1:50.000.

Varianten: Von Pt. 1986 anspruchsvolle, aber nicht zu verfehlende Route (T3) zum Lago Superiore und zur Hendar (hintere) Furggu (2419 m). Im Aufstieg nur vereinzelte Markierungen, bezeichnete Abstiege. Auf Grossalp Abstiegsvarianten in Richtung Süden, Weg Foppiano–Alpe Fogia–Guriner Furggu wenig begangen, s. a. Karte Tour 6.

Guriner Furggu
2323 m

Grossalp
1907 m

Abzweigung Pt. 1986
1986 m

Bosco Gurin
1503 m

Fondovalle
1219 m

2250 m
2000 m
1750 m
1500 m
1250 m

0   2.15   4.10   4.45   5.40 h

Das Walsermuseum in Bosco Gurin.

An der Bushaltestelle **Fondovalle** (1219 m) wenden wir uns nach Osten, überschreiten die Brücke und treffen auf die von Ponte herkommende Straße. Am Dorfende verlassen wir das nach Süden führende Sträßchen zum Berghang hin und steigen nach Südosten an. Nach gut 300 m überqueren wir den in den Stausee fließenden Bach, und nun führt uns der steile Weg durch Laub- und Lärchenwald über die **Alpe Stavello** (1594 m) zur Wegverzweigung **Pt. 1986**. Hier wenden wir uns nach Süden (Pfeil auf Felsblock auf der anderen Bachseite), überschreiten mehrere Bäche und erreichen nach einem flachen Wegstück in steilem Aufstieg den Sattel im Grat, der vom Martschenspitz herunterkommt (2353 m).

Der Weg senkt sich nun leicht und traversiert den steilen Grashang zum Pass-Seelein bei der **Guriner Furggu** (2323 m), italienisch Passo di Bosco. Bald wird das Gefälle sanfter, und wir erreichen mit schönen Ausblicken die **Grossalp** (1907 m). Hier ist dank Sesselbahn und Zufahrtssträßchen ein Alpdörfchen mit Ferienhäusern, Restaurant und Übernachtungsgelegenheit entstanden. Über Weiden und durch lichten Lärchenwald gelangen wir, zuletzt dem rauschenden Bach entlang, zum sehenswerten Dorf **Bosco Gurin** (1503 m). Im unteren Dorfteil stehen typische Walser Holzhäuser. Die Steinhäuser im Zentrum wurden erst im 18. Jahrhundert nach einer Lawinenkatastrophe erbaut.

Ein Weg durch 700 Jahre Walsergeschichte

Kurz nach ihrer Ansiedlung im Pomatt zog eine Gruppe von Walsern in Richtung Süden und wurde hoch über dem Talboden des italienischsprachigen Antigoriotals sesshaft. In den Siedlungen »Uf em undru Bärg« (Salecchio Inferiore) und »Am obru Bärg« (Salecchio Superiore) bewahrte diese Gemeinschaft während 700 Jahren ihre patriarchalische Struktur und ihre Sprache. Vor 1970 verließen die letzten Bewohner den Platz, aber dank einer Genossenschaftsstraße regt sich seit mehreren Jahren im Sommer wieder Leben auf den aussichtsreichen Höhen. Der erste Teil unserer Tour war der Weg der Siedler zu ihren Verwandten ins Pomatt. Die Abstiegsroute wurde erst Jahrhunderte später gebaut, denn die Saleyer hatten kaum Kontakt mit den »Welschen« im Tal unten. Die Tour nach Salecchio ist nicht nur eine landschaftlich lohnende Wanderung, sondern auch eine Begegnung mit einer vergangenen Welt.

Ausgangspunkt: Fondovalle/Stafelwald (1219 m), Haltestelle der Buslinie Domodossola–Formazza,
Endpunkt: Bushaltestelle Bivio Salecchio (812 m), Straßenabzw. nördlich von Passo.
Höhenunterschied: Aufstieg 340 m, Abstieg 740 m.
Anforderungen: Gute und markierte Wege, im Abstieg Werkstraße zu den Steinbrüchen. Zwischen Altillone und Sant' Antonio Querung in steilem Gelände, Vorsicht im Frühsommer (Schneereste in Gräben) und bei starken Regenfällen.
Einkehr und Unterkunft: Privates Rifugio »Zum Gora« in Salecchio Superiore, zurzeit geschlossen, Informationen: Tel. 347 8202426 oder 0324 33326, E-Mail franca.56@hotmail.it.
Agriturismo »La Fruetta« in Cadarese, Tel.

0324 602858 oder 333 1314140.
Karten: Karten 275 T Valle Antigorio 1:50.000, Wanderkarte Binntal/Veglia-Devero 1:25.000.
Varianten: Aufstiege ab Chioso (auf Alpsträßchen) oder Rivasco (steiler Treppenweg), je ca. ½ Std. kürzer.
Von San Rocco steiler und rauer Weg G 19 über Altiaccio (1473 m) nach Salecchio Inferiore, 2¾ Std. (Zugang von Premia G 17 leicht exponiert, T3).
Der auf manchen Karten eingezeichnete Aufstiegsweg über Bigiogno ist durch eine Mure zerstört worden.
Nach Sant' Antonio steiler Aufstieg G 25 zum Lago Busin Inferiore und zum Lago Vannino, siehe auch Tour 42.
Auf dem linken Ufer durch Auen zum Thermalbad Premia, **www.premiaterme.it**.

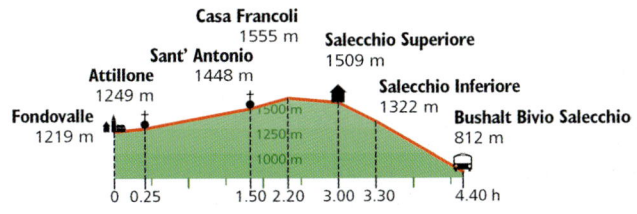

71

Unsere Wanderung beginnt im Talboden von **Fondovalle** (1219 m). Von der Bushaltestelle gehen wir auf der alten Straße – rechts beginnt der neue Tunnel – ca. 600 m talwärts und biegen dann in das zweite Sträßchen nach rechts ein. Auf einem Kapellenweg gelangen wir zum kleinen See und zur Kirche von **Altillone**/Puneiga (1249 m) mit dem Gemälde der Bittprozession auf den St. Gotthard. Nachdem wir etwas an Höhe gewonnen haben, queren wir auf dem jahrhundertealten Weg im Auf und Ab die vom Tal her unpassierbar scheinende Felswand und treffen auf das von Chioso kommende Alpsträßchen. In der Mulde der Alpe Vova mit der Kapelle von **Sant' Antonio** (1448 m) senkt sich der Weg zum Bach und steigt dann in südlicher Richtung an. Bald taucht der höchste Punkt unserer Wanderung, die schön gelegene Häusergruppe **Casa Francoli**/Frankohüs (1555 m), auf. In leichtem Gefälle erreichen wir die von der Sonne gebräunten Häuser aus Lärchenholz von **Salecchio Superiore** (1509 m) mit dem schönen Rastplatz eingangs des Dorfes. Leicht sinkend gelangen wir mit schönen Weitblicken zu einer Kapelle, bevor der Weg steiler nach **Salecchio Inferiore** (1322 m) absinkt. Am alten Schulhaus vorbei gelangen wir zur ehemaligen Pfarrkirche Santa Maria Assunta, wo jährlich am ersten Februarsonntag mit großer Beteiligung der Talbewohner das Fest der »Candelora« (Maria Lichtmess) gefeiert wird. Unterhalb des Dorfes senkt sich der Weg anfänglich nur leicht durch die Wiesen nach Norden, quert den Bach und später das Genossenschaftssträßchen und steigt über Felstreppen zu einer Kapelle mit Inschriften ab. Bald ist das Ostportal des Straßentunnels (bei Begehung Taschen- oder Stirnlampe erforderlich) in Sicht, und unser Weg mündet in die nun breitere Fahrstraße. Nach mehreren Kehren erreichen wir den Talboden und die **Bushaltestelle Bivio Salecchio** (812 m) nördlich von Passo.

Salecchio Inferiore, hoch über dem Talgrund.

Kirchen, Kapellen und Zeugen der Urzeit

Die nähere Umgebung von Baceno zeugt in reichem Maße von der Blütezeit der beiden Passwege Gries und Albrun, mit der legendenumwobenen Teufelsmauer von Arvenolo aber auch von vorgeschichtlichen Zeiten. Im engen Tal der Tosa sind in Jahrmillionen monumentale Felsformationen und das begehbare kleine Schluchtensystem der »Orridi« (»Schauderhaftigkeiten«) entstanden.

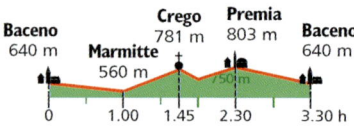

Baceno 640 m — Marmitte 560 m — Crego 781 m — Premia 803 m — Baceno 640 m

0 · 1.00 · 1.45 · 2.30 · 3.30 h · 750 m

Ausgangspunkt: Baceno (640 m), Bushaltestelle der Linie Domodossola – Formazza. Parkplätze bei der Kirche im Dorfzentrum und nördlich der »Orridi«.

Höhenunterschied: 340 m.
Anforderungen: Gut markierte Wege, Durchgang »Orridi« mit Treppe gesichert.
Einkehr und Unterkunft: Ristorante Albergo Minoli in Premia, Tel. 0324 62020, www.alberghiminoli.it.
Rifugio Monte Zeus in Crego, Tel. 0324 627827 oder 335 8132804, www.monte-zeus.it (nur auf Voranmeldung).
Karten: 275 T Valle Antigorio 1:50.000, Wanderkarte Binntal/Veglia-Devero im Maßstab 1:25.000.
Varianten: Nach Rozzaro zur Schlosserei Mader an der Straße, auf Fußweg zur Kirche San Bernardo und zu den Ruinen des ehemaligen Hospizes am Griesweg, 10 Min., Schlüssel zur Kirche mit sehenswerten Fresken bei Fam. Mader, Tel. 0324 62240 oder 0324 62069.
Von Premia oder von der Bushaltestelle Piedilago nach Cagiogno und über die wunderschöne Mulattiera zu den aussichtsreichen Alpen Bee und Alloro di Aleccio, weiter zu Pt. 1420 (2½ Std.) und nach dem Wegweiser durch den Wald nach Crego (1½ Std.) oder auf der Natur- und Asphaltstraße nach Crodo (2½ Std.).
Von Crego auf autofreiem Sträßchen zum »Muro del Diavolo« oberhalb der Häusergruppe von Arvenolo (aufgeschichtete Granitblöcke, vorgeschichtliche Kultstätte).
Tipp: Beim neuen Verkehrsbüro oberhalb der Bushaltestelle in Baceno liegen Prospekte mit Kärtchen zu den »Orridi« auf.

Die Mulattiera zur Alpe Bee.

Von der Bushalte-
stelle **Baceno** auf
der Via Marconi
Guglielmo zur se-
henswerten Pfarrkir-
che San Gaudenzio
mit der Freske des
Heiligen Christopho-
rus auf der Ein-
gangsfront. Der Kir-
chenmauer entlang
auf dem eindrückli-
chen Wegstück der
alten Albrunroute zur
Abzweigung »Orridi«
und nach Erreichen
einer Naturstraße ei-
nige Meter nach Norden zum Schluchteingang. Nach dem Gang durch enge
Passagen und breite »Säle« tritt man ins Freie und trifft auf eine Naturstraße,
die zu den »**Marmitte dei giganti**«, den Kochtöpfen der Riesen im Flussbett
der Tosa führt. Nach der Brücke führt der Weg G 6 im schattigen Wald auf
streckenweise sehr schöner Mulattiera aufwärts und zweigt im flacher wer-

Ein besonderes Naturerelebnis: die Durchquerung der »Orridi«.

denden Wegstück bei einer leichten Rechtskurve nach links in den Wald ab, um von dort die Kirche von **Crego** (781 m) zu erreichen. Der schön gelegene Rundbau wurde vor 150 Jahren vom damaligen Pfarrer eigenhändig für das kleine Dorf gebaut.

Der Abstieg erfolgt auf einem Fußweg im Wald, passiert zweimal die Fahrstraße und den gedeckten Wasserkanal und überquert auf einer wieder hergerichteten Fußgängerbrücke die Tosa. Auf der Fahrstraße erreichen wir, vorbei am Sasso di Premia mit Klettergarten, das stattliche Dorf **Premia** (803 m). Wir folgen dem Wegweiser zum alten Talweg hangwärts und überqueren bei einer schönen Kapelle die Fahrstraße. Das folgende alte Wegstück mit der Piazzetta vor dem Oratorium der Geburt Marias und dem sanften Abstieg auf dem engen Pflastersteinweg ist ein Schmuckstück. Nach einer kurzen Strecke auf der Talstraße verlassen wir diese vor Rozzaro wieder nach rechts, passieren in Pioda das Oratorio San Rocco und einen Palazzo, verlieren etwas an Höhe und erreichen das Dorfende. Nun folgt ein kurzes, überwachsenes Wegstück, das aber auf den Wiesen an den allein stehenden Häusern und Ställen vorbei umgangen werden kann. Man gelangt bald zu einer Kapelle, und von hier aus führt ein guter Weg nach **Baceno**. Erreicht dieser die Fahrstraße, kann man zum alten Dorfteil absteigen oder auf der Straße zur Bushaltestelle.

Dörfer und Alpen der »Riviera Antigoriana«

Das meist enge Antigoriotal weitet sich bei Crodo und nimmt liebliche Formen an. Der fast 3000 m hohe Monte Cistella und die nördlich gelegenen Bergketten wahren aber den alpinen Charakter der Landschaft. Während die östliche Talflanke steil und stark bewaldet ist, liegen auf der Gegenseite bis auf 1400 m Höhe gepflegte Dörfer, Weiler und Alpen. Der der Morgensonne zugewandte Hang der »Riviera Antigoriana« ist eine beliebte Sommerfrische-Destination und wurde in letzter Zeit auch eine bevorzugte Gegend für den Bau von Ferienhäusern. Unsere Rundwanderung führt ohne große Anstrengungen durch schöne Dorfpartien und über sonnige ehemalige Alpen. Sie schließt auch den eindrücklichen Kapellenweg zum Oratorio della Salera ein.

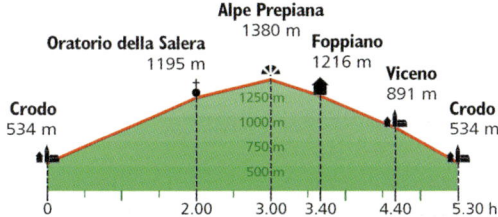

Die im Sommer teilweise bewohnte Alpsiedlung Prepiana.

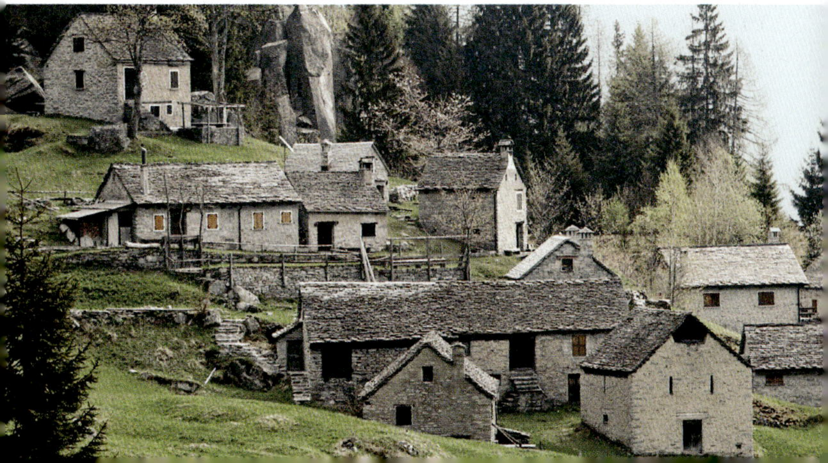

Ausgangspunkt: Crodo (534 m), Bushaltestelle der Linie Domodossola–Formazza. Gemeindebus (Urbana Crodo).

Höhenunterschied: 850 m.

Anforderungen: Gut bezeichnete Wege, nach Compolo unmarkierte Verbindungsstrecke auf Naturstraße. Bachübergang nach Prepiana bei Schneeschmelze oder nach starken Niederschlägen anspruchsvoll.

Einkehr und Unterkunft: Albergo Ristorante Pizzo del Frate, Foppiano di Crodo, Tel. 0324 61233, www.pizzodelfrate.it, Albergo Edelweiss, Viceno di Crodo,

Tel. 0324 618791, www.albergoedelweiss.com.

Karten: T 275 Valle Antigorio 1:50.000, Wanderkarte Alta Via della Val Divedro 1:50.000 CAI Varzo.

Varianten: Zwischenaufstieg ab Campieno nach Alpe Prepiana, 1 Std. 40 Min., ab dort gut markierte, anspruchsvolle Route G 11 (T3/T4) zum Monte Cistella (2880 m), 6–6½ Std. ab Campeino.
Rundwanderung Foppiano–Flecchio–Cheggio–(steiler Aufstieg) Alpe Genuina –Passo Colmine–Foppiano 4–4½ Std. Verbindungen zu Touren 18 und 20.

In **Crodo** folgen wir ein kurzes Stück der Fahrstraße Richtung Baceno und nehmen dann die Abzweigung Richtung Mozzio. Bei der Linkskurve im Graben des Flüsschens Alfenza zweigen wir in die Via della Miniera ab und passieren die Ruinen des einstigen Goldverarbeitungsbetriebs. Nach einem Brücklein steigt der alte Gemeindeweg in Kurven im Wald auf. Wo er vor Novasco zur Straße wird, wählen wir den Aufstieg über das anmutige Dörflein Fariolo und treffen beim Friedhof von **Cravegna** (815 m) wieder auf diese. Wir überqueren die Straße nach Baceno, gelangen bald auf einen Steinplattenweg und erreichen an meist gut erhaltenen Rosenkranz-Kapellen vorbei das **Oratorio della Salera** (1195 m). Hier bietet sich eine Ruhepause an, bevor wir durch Wald und Wiesen nach Compolo und zu einer Naturstraße aufsteigen. Dieser folgen wir in südlicher Richtung und erreichen ohne größere Anstrengung die schön gelegene und aussichtsreiche **Alpe Prepiana** (1380 m). Ein Alpweg führt auf gleicher

Höhe zu einem Wiedersehen mit der Alfenza, die wir behelfsmäßig überqueren. Dann nimmt uns ein Sträßchen bis **Foppiano** (1216 m) mit dem gastlichen Albergo Pizzo del Frate auf. Wir folgen dem breiten Weg G 7 Richtung Passo della Colmine und biegen dann links in den markierten Weg ein, der uns

Herbstfarben auf dem erholsamen Kapellenweg zum Oratorio delle Salera.

auf eine Walderschlie-
ßungsstraße bringt. Die-
ser folgen wir gut 100 m
nach Süden und treffen
dann auf den Abstiegs-
weg G 5 nach dem
Maiensäß Flecchio mit
schön restaurierten Häu-
sern. Nach einer kurzen
Querung fällt der Weg
steiler nach Osten ab,
um unterhalb der verlas-
senen Häuser von Pè
d'la Crosa in eine Er-
schließungsstraße über-
zugehen. Diese führt
über Wiesen zur ersten
Straßenkurve oberhalb
von **Viceno** (891 m) und
ins Dorf. Das neben der
Kirche San Rocco lie-
gende Albergo Edel-
weiss ist für eine gute
Küche und seinen Kom-
fort (Hallenbad und Well-
nesszone) bekannt.

Im weiteren Abstieg fol-
gen wir der Fahrstraße
und erreichen nach den
ersten Häusern von
Mozzio (811 m) die Ein-
biegung eines Sträß-
chens von links. Kurz da-
nach steigen wir durch
eine Gasse ab und tref-
fen auf den alten Weg
nach **Crodo**. Dieser ist
deutlich   bezeichnet,
aber nur noch wenig be-
gangen. Im unteren Teil
ist es ratsam, auf der wenig befahrenen Straße zu
bleiben.

Eine Kulturlandschaft am Rande der Tosaebene

In den unteren Ortsteilen dieser großen Gemeinde über der Mündung des Isorno in die Tosa finden sich gleich zwei Zeugnisse aus vorchristlicher Zeit. Unweit davon entstehen neue komfortable Landhäuser neben 500 Jahre alten Palazzi. In den oberen Fraktionen ist noch die Welt der Saumwege, der zum Verweilen einladenden Wegkapellen und der verwinkelten engen Gassen.

Der weithin sichtbare Campanile im Gemeindehauptort Chiesa.

Ausgangspunkt: Pontetto (327 m), Haltestelle des Bus Circolare Domodossola–Crevodossola. In den frühen Nachmittagsstunden auch Bus ab Altoggio nach Domodossola.

Höhenunterschied: 420 m.

Anforderungen: Leicht, viele gut markierte alte Steinplattenwege.

Einkehr: Ristorante La Veranda im Ortsteil Altoggio, Tel. 0324 35959 oder 348 4605347, von Juni bis September Dienstag bis Sonntag offen, übrige Zeit an Wochenenden.

Karten: 275 T Valle Antigorio 1:50.000, Carta turistica der Gemeinde 1:10.000 (www. comune.montecrestese.vb.it).

Varianten: Von Pontemaglio (Bushalt Domodossola–Formazza) auf dem alten Griesweg nach Montecrestese Chiesa, 1 Std. Über Veglio (533 m) bis zur Kapelle Scarpia und nach den Häusern den orangen Punkten folgend zur Fahrstraße nach Nava, knapp 2 Std. ab Pontemaglio bis Altoggio. Von Lomese zur Kapelle Valle dei Cani leicht steigend zum Kultplatz »Menhir« aus der Jungsteinzeit (Steinkreis, Altarreste, Grabkammer) und zurück zur Straße bei Madonna di Viganale, 1 ¼ Std.

Von der Bushaltestelle **Pontetto** (327 m) gehen wir am alten Waschhaus vorbei und steigen durch enge Gassen mit Torbogen, später zwischen Reben zum Lepontinischen Tempel von **Roldo** (426 m) auf. Er stammt wahrscheinlich aus dem 1. Jahrhundert vor Christus und wurde im Mittelalter zu einem Signalturm umgebaut. Nach einem Wegstück auf der Straße nach Vignamaggiore führt uns der Weg vorbei an mehreren Kapellen durch eine eindrückliche Heckenlandschaft nach **Naviledo** (610 m), wo uns imposante Steinhäuser mit offenen Getreidespeichern überraschen.

Nach dem Oratorio San Rocco mit dem interessanten Waschhaus und einer Marienkapelle mit kniendem Stifter gelangen wir, stärker steigend, zur Straße unterhalb von **Altoggio** (742 m). Hier findet man zahlreiche freskengeschmückte Häuser, im Dorfzentrum stehen ein großer Trinkbrunnen und das Gemeindewaschhaus. Das Oratorio San Giovanni Battista, des Patrons der Älpler, war Sammelplatz vor dem Alpaufzug ins Isornotal.

Der Abstieg führt auf einer gut unterhaltenen Mulattiera durch schönen Eichen- und Kastanienwald an einer interessanten Marienkapelle vorbei nach **Chiesa** (486 m), dem Gemeindehauptort von Montecrestese. Die imposante Pfarrkirche stammt aus dem 16. Jahrhundert und wurde von Vigezziner Malern ausgeschmückt. Der aus lokalem Granit gebaute Campanile ist mit 68 Metern der höchste Kirchturm der Ossola. Wir wenden uns hier nach Süden, passieren östlich des

großen Friedhofs und kommen bald in den Genuss einer beeindruckenden Rundsicht auf die Tosaebene und die umliegenden Berge. Das nächste Dorf im weiteren angenehmen Abstieg ist **Cardone**, das wir nach Überquerung der Fahrstraße erreichen.

Auf dem Dorfplatz lohnt sich der Blick auf die umliegenden Häuser, von denen eines das Wappen des Ludovico Moro trägt. Durch gepflegte Weinberge gelangen wir nach Roldo und auf der Aufstiegsroute nach **Pontetto**.

Aussichtsplätze über der Tosaebene

Das am Eingang des Vigezzotales liegende Dorf Masera gehörte während Jahrhunderten zusammen mit Domodossola und Vogogna zu den bedeutendsten Orten der Ossola. In den sonnig gelegenen Ortsteilen, den »Frazioni«, findet man Paläste, herrschaftliche Wohnhäuser und viele Kapellen. Die höher gelegenen, aussichtsreichen Alpen sind durch eine nur für Ansässige benutzbare Straße erschlossen und in gutem Zustand. Zwischen den Ortsteilen existiert ein dichtes Wegnetz mit Wegweisern. Unsere Route führt am Oratorio San Giovanni vorbei, dessen weiße Fassade auf 900 m Höhe vom Tal aus gut sichtbar ist.

Ausgangspunkt: Masera (297 m), Station der Regionalzüge Domodossola–Locarno oder Haltestelle des Bus Circolare Nord ab Domodossola (Rundkurs).
Höhenunterschied: 860 m.
Anforderungen: Gut markierte alte Wege, größere Strecken im Wald.
Einkehr und Unterkunft: Ristorante Divin Porcello, Ortsteil Cresta (am Panoramaweg), 3 Zimmer, Tel. 0324 35035 oder 348 2202612, www.divinporcello.it. Osteria Gallo Nero in Pontello, Tel. 0324 232870, www.osteria-gallonero.it. B+B Casa Tomà in Masera, Tel. 0324 35839

oder 339 2101345, www.casatoma.it.
Karten: 275 T Valle Antigorio/285 T Domodossola 1:50.000, Carta dei Sentieri Comune Masera 1:10.000 (www.comunedimasera.it).
Varianten: Rundweg durch die Ortsteile, mit grünen Punkten markiert, 4–4½ Std. Von Fornale weiter zur Alpe Pescia (1366 m) mit Kapelle Madonna della Neve und Seelein, 1 Std. Von dort Abstiegsmöglichkeiten ins Vigezzotal: Oberster Streckenteil Travello–Vasignone in schlechtem Zustand, Weg nach Mozzio empfohlen. Siehe Tour 36.

Von der Bahnstation **Masera** gehen wir nach Norden zur Straßenkreuzung, wo auch eine Bus-Haltestelle liegt, und dann über den Fußgängersteg zum Platz bei der Pfarrkirche (Wegweiser). Auf der Route A 6/8 steigen wir durch eine Gasse leicht an und biegen bei einer Kapelle links ab. Der schöne alte Weg kreuzt mehrmals Straßen und erreicht nach einem rauen Waldstück die Kirche San Rocco und später die Fahrstraße oberhalb Ranco sopra (580 m). Wir folgen dem schönen Waldweg A 8, überqueren einen Bach und erreichen in angenehmen Kehren das Oratorio **San Giovanni** (890 m), das im 18. Jahrhundert erbaut und 1940 erneuert wurde. Der Ausblick und

Der nördlich von Ranco gelegene Lago di Onzo mit der Staumauer.

Sitzbänke laden zum Verweilen ein. Der Weg verläuft danach vorerst nordöstlich und erreicht in einem Bogen nach Süden **Fornale** (1153 m). Er steigt gleich zum Waldrand hoch, ein Gang entlang der meist umgebauten Alphütten lohnt sich aber. Wir blicken ins Tosatal, und über den Bergen des Antronatals erheben sich die Spitzen des Monte Rosa.

Im Abstieg folgen wir der aussichtsreichen Zufahrtsstraße bis Fobello und treffen später in einer Kurve den alten Waldweg, der uns nach mehrmaligem Queren der Straße zur Kapelle **Sant' Antonio** (707 m) bringt. Die Route A 6 kehrt nun nach Ranco zurück, wir wählen aber den unterhalb der Kapelle in den Wald führenden Weg (kleine grüne Punkte) zu den nördlichen Ortsteilen. Er wird zum Sträßchen und endet die obersten Häusern von **Rivoira** (440 m). Nun steigen wir durch die Gassen zum schönen Dorfplatz bei der Kirche San Giulio ab, folgen kurz der Straße und münden in die ehemalige Einfahrt zur Villa Caselli. Weiter geht es die Mauern des Parks entlang und auf dem Weg A 0 zur Pfarrkirche und zur Station von **Masera**.

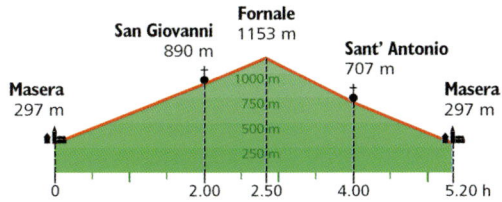

4.00 Std.

Aussichtsreicher Höhenweg über der Tosaebene

Der untere Teil der Ostflanke des Moncucco bietet vielfältige Wandermöglichkeiten mit interessanten Ausblicken. Unser Vorschlag folgt dem alten Weg der Antronesen in die Hauptstadt der Ossola und führt durch ursprüngliche Siedlungen. Auf längeren Strecken wandern wir im schattigen Wald.

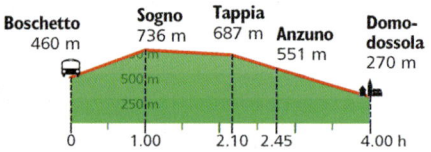

Ausgangspunkt: Bushaltestelle Boschetto (460 m), Linie Domodossola – Antrona.

Endpunkt: Domodossola (270 m), siehe Tour 12.

Höhenunterschied: Aufstieg 280 m, Abstieg 470 m.

Anforderungen: Gut markierte und angenehme Wege, entspricht mit Ausnahme der beiden Bachübergänge nach Sogno einer blauen Tour.

Einkehr und Unterkunft: Bar Miravalle beim Bushalt Cresti, Tel. 0324 56285. Agriturismo e Osteria della Tensa oberhalb Anzuno (siehe auch Tour 12).

Karten: 285 T Domodossola im Maßstab 1:50.000, Carta Escursionistica Valle Antrona 1:25.000.

Varianten: Von Villadossola auf der Strada Antronesca zur Kirche della Noga (Bushaltestelle), danach über Daronzo und Colletta nach Sogno, 1 Std. 40 Min.

Weitere Zugänge vom Tosatal: Von den Bushaltestellen Gabi Valle oder Villaggio SISMA über Valpiana nach Tappia. Vom Bushalt Cresti auf der Strada Antronesca talwärts und bei einer Kapelle steil nach Varchignoli hinauf. Bei der Pergola in Anzuno bergwärts zum Agriturismo oder nach Vallesone.

Der schön gelegene Agriturismo della Tensa.

Bei der Bushaltestelle **Boschetto** steigt man auf dem Sträßchen zum Dorf und später auf Plattenwegen zur schönen Häusergruppe Casa dei Conti an. Hier führt der Weg in westlicher Richtung nach Varchignoli hinauf, wo wir über eine

Treppe eine Naturstraße erreichen. Auf dieser verbleiben wir bis **Sogno** (736 m), da der in der Nähe verlaufende alte Weg überwachsen ist. Die Siedlung, in der heute ein bescheidenes Dorfmuseum untergebracht ist, war früher ganzjährig bewohnt und soll als »Vecchia Villa« der Kern der jetzigen Gemeinde Villadossola gewesen sein. Nach den Häusern steigen wir noch ca. 40 Höhenmeter zu einem Wegweiser auf und erreichen dann horizontal die enge Schlucht des Rio dell' Inferno.

Nun senkt sich der Weg zu den Häusern von Maienco Inferiore und führt bald nach **Tappia** (637 m), das im Zweiten Weltkrieg ein Stützpunkt der Partisanen war und von den Besatzungstruppen zum Teil zerstört wurde (Gedenkinschriften bei der Kirche). Von hier wandern wir im Wald weiter, biegen nach einer Kapelle in die Schlucht der Molini ein (die ehemaligen Getreidemühlen sind sichtbar und zugänglich) und kommen nach **Anzuno** (551 m). An der schön gelegenen Kirche Sant' Antonio vorbei gelangen wir nach Gruppi mit der Kirche San Defendente und steigen auf der Straße zu einer Kapelle ab. Hier treffen wir auf den Abstiegsweg der Tour 12 und folgen ihm über den Calvario nach **Domodossola**.

Die Hauptstadt der Ossola und ihr Hausberg

Der Morgensonne zugewandt liegt die Hauptstadt der Ossola zu Füßen der Pyramide des Moncucco. Ihrer sehenswerten Altstadt ist ein Rundgang-Vorschlag am Ende der Tourenbeschreibung gewidmet. Im Winter ist der Moncucco mit der Skistation »Domobianca« das Ziel vieler Besucher, die Sesselbahnen sind im Sommer jedoch nicht in Betrieb. Vom Frühling bis in den Herbst findet der Wanderer hier aussichtsreiche Routen zwischen den urtümlichen kleinen Orten am Hang und den durch Straßen erschlossenen Alpen.

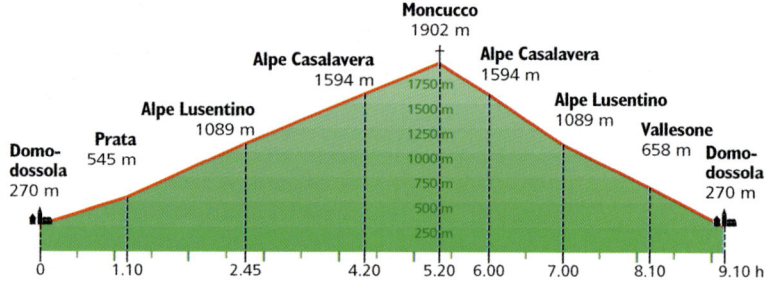

Ausgangsort: Bahnhof Domodossola (270 m), Endstation der schweizerischen Postautolinie ab Brig. Nur im Winter Busbetrieb zur Alpe Lusentino, übrige Zeit Fahrten mit Taxi zur Verkürzung der Wanderzeit möglich.

Höhenunterschied: 1630 m.

Anforderungen: Gut markierte Wege und Wegweiser, im unteren Teil vorwiegend im Wald. Angenehme Tagestour bis Alpe Lusentino.

Einkehr und Unterkunft: Bar Ristorante »La Roccia«, aussichtsreicher Platz unter den Straßenkurven nach San Bernardo, einige Minuten oberhalb von Lusentino, ganzjährig offen, Tel. 0324 47887. Ristorante Rifugio Lusentino (keine Unterkunft), Tel. 0324 240468 oder 335 8077999.

Agriturismo e Osteria della Tensa, neu aufgebaute ehemalige Alp, Bed and Breakfast, Ferienwohnungen, südlich von Vallesone am Ende der Nebenstraße auf ca. 600 m. Tel. 0324 346031 oder 345 9566496, www.agriturismotensa.it. Zugänge zu Fuß: In Gruppi markierter Weg nach Quana hinauf, in Anzuno bei der Pergola bergwärts.

Varianten: Unbeschwerliche und aussichtsreiche Rundtour Domodossola – Calvario – Anzuno – Crosigia – Domodossola, 3 Std. Kombination mit Einkehr im Agriturismo.

Verbindungen mit Touren 11, 22 und 27.

Tipps: Auskünfte über Stadt und Sacro Monte Calvario im Informationsbüro Pro Domodossola neben dem Rathaus.

Weitere Informationen: www.
comune.domodossola.vb.it,
Ente Gestione Sacro Monte,
Tel. 0324 241976, www.sacro-
montedomodossola.it,
www.sacrimonti.net (auch auf
deutsch).
Kleiner Führer »Domodossola« in italienischer Sprache
bei der Buchhandlung Grossi
am Marktplatz.

Alpe Casalavera,
Blick gegen das Vigezzotal.

Vom Bahnhof **Domodossola** (270 m) gehen wir durch den Corso Ferraris
zur Piazza Tibaldi und weiter in die Via Canuto Richtung Bognanco. Nach
einer guten Viertelstunde auf der Fahrstraße biegen wir links in die Via
G. Ceschi ein. Rechts des Baches führt der alte Saumweg hinauf zur Kirche
von **Maggianigo** (428 m). Von den Einheimischen wird der Ort Vagna genannt. Die Mulattiera führt weiter nach oben, überquert die Straße und erreicht **Prata** (545 m). Nach nochmaliger Überquerung der Straße nimmt uns

ein guter Waldweg bis zur **Alpe Lusentino** (1089 m) auf. Hier führt ein Wiesenweg dem Sessellift entlang, biegt später nach rechts ab und erreicht die nur geländegängige Fahrzeuge geeignete Straße. Auf dieser gelangen wir – zuletzt auf dem alten, steilen Wegstück – zur **Alpe Casalavera** (1594 m). Die eben gelegene Mulde mit dem kleinen See, einigen Häusergruppen und der großartigen Rundsicht lädt zum Verweilen ein. Nach der Schneeschmelze sind hier die Wiesen mit der weißen Pusatilla vernalis (Frühlingsküchenschelle) bedeckt. Wir folgen weiter dem Sträßchen und gelangen über einen Fußweg zum Gipfel des **Moncucco** (1902 m), wo sich der Blick auch nach Westen und Süden öffnet.

Im Abstieg biegen wir nach einem steilen Stück in die Mulde von Casalavera ein und erreichen auf dem Aufstiegsweg die Alpe Lusentino. Hier nehmen wir beim Transformatorenhäuschen den bereits bekannten Weg, wenden uns dann aber auf dem Sträßchen nach Süden. Dem rechten Rand des unteren Parkplatzes entlang erreichen wir den Antennenturm und gelangen links davon auf den weiteren Abstiegsweg. Er verläuft im Wald und überquert dreimal die Fahrstraße, bevor wir zur Abzweigung nach **Vallesone** (658 m) kommen. Hier gehen wir kurz in Richtung Andosso weiter und steigen dann rechts zur Kapelle bei der Straßenkurve unterhalb der Kirche San Defendente ab. Nach einem kurzen Stück auf der Straße erreichen wir über einen Treppenweg den **Calvario**, den Sacro Monte von Domodossola mit den Kreuzwegkapellen. Der gepflasterte Pilgerweg, die Via Al Calvario, und die Via Matarella führen uns zum Stadtzentrum und zum Bahnhof **Domodossola**. Vor dem Stadtzentrum steht auf einem Platz die interessante Wallfahrtskirche Madonna della Neve mit dreiteiligem Flügelaltar und Gemälden im Chorraum.

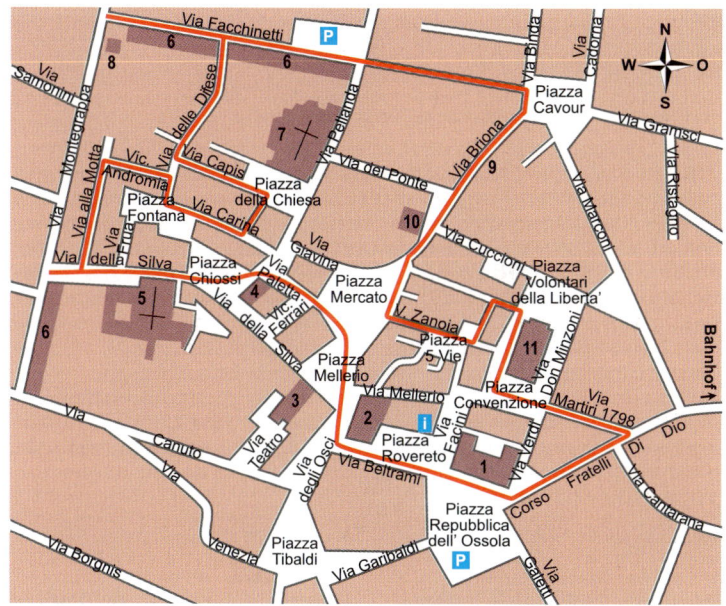

Legende:

1. Palazzo della Città, Rathaus mit Gedenksaal für die ossolanische Widerstandsbewegung im 2. Weltkrieg.
2. Palazzo Mellerio (Stadtverwaltung).
3. Teatro Galletti.
4. Palazzo Silva (Historisches Museum)
5. Chiesa S. Giuseppe delle Monache (heute orthodoxes Gottesdienstlokal).
6. Stadtmauern 14. Jahrhundert.
7. Stadtkirche S. Gervasio e Protasio.
8. Torre Medioevale / mittelalterlicher Befestigungsturm.
9. Via Briona, alte Einkaufsstraße.
10. Palazzo del Vescovo / Wohnturm aus dem 14. Jh., dem Bischof von Novara gehörend.
11. Palazzo San Francesco (Naturmuseum).

Sehenswürdigkeiten von Domodossola

Der hier vorgeschlagene Rundgang führt zu den bedeutenden Plätzen des historischen Zentrums. Außerhalb der Altstadt sind neben dem erwähnten Sacro Monte und der Kirche Madonna della Neve die Kirche San Quirico di Calice aus dem 11. Jahrhundert an der Abzweigung der Fahrstraße zum Calvario und der rundförmige Friedhof (cimitero) südlich des Bahnhofs besonders sehenswert.

Links: Piazza del Mercato in Domodossola.

Höhenweg zur Aussichtskanzel über dem Tosatal

Die morgens im Schatten liegende Ostflanke der Tosaebene südlich des Vigezzotals hat auch in den letzten Jahrhunderten eher ein Schattendasein gefristet. Im Gegensatz zum Westhang sind die Ortschaften kaum gewachsen, und auch das Angebot des öffentlichen Verkehrs ist bescheiden. Wir treffen hier aber auf eine urtümliche und faszinierende Landschaft. Über dem steilen und bewaldeten Hang erhebt sich eine rund 2000 m hohe Bergkette, welche die Grenze zum Nationalpark Val Grande bildet. Der Pizzo delle Pecore ist der am weitesten vorgelagerte Gipfel und bietet eine großartige Rundsicht. Am Ausgang unseres dreistufigen Wandervorschlags steht das 200 m über dem Tal auf einer Terrasse liegende Dorf Cardezza, Teil der Gemeinde Beura Cardezza.

Während die Zweitagestour auf den Pizzo delle Pecore gut trainierten Berggängern vorbehalten ist, können Hin- und Rückweg zur Alpe Marzone in einem angenehmen Tagespensum bewältigt werden. Schließlich bietet sich der untere Berghang für eine aussichtsreiche Rundwanderung an, die vor allem im Frühjahr ihren Charme hat.

Ausgangspunkt: Bushaltestelle Stazione Beura (242 m) der Buslinie Circolare Sud ab Domodossola (Rundkurs).

Endpunkt: Bushaltestelle Cuzzego (230 m) der Buslinie Circolare Sud. Fahrt nach Domodossola in Richtung Süden.

Höhenunterschied: Aufstieg 1830 m, Abstieg 1840 m.

Anforderungen: Markierte Waldwege und Bergpfade, streckenweise Naturstraße. Die Tour bietet keine nennenswerten Schwierigkeiten, erfordert aber eine gute Kondition und Erfahrung im alpinen Gelände.

Einkehr und Unterkunft: Restaurants in Cardezza und Cuzzego. Bivacco auf der Alpe Corte di sopra für Selbstversorger, immer geöffnet, Informationen bei der Gemeindeverwaltung Beura Cardezza, Tel. 0324 36101, www.commune. beuracardezza.vb.it. Das auf Karten eingezeichnete Bivacco Alpe Ogliana nordöstlich davon wurde im Winter 2008/09 von einer Lawine zerstört.

Karten: 285 T Domodossola 1:50.000, unterer Berghang auch Carta Escursionistica Valle Antrona 1:25.000.

Varianten: Vom Kehrplatz Alpe Marzone 10 Min. zum Lago Marzone.

Für Sportliche: Steiler Ab- und Wiederaufstieg (ca. 300 m Höhenunterschied) von Alpe Marzone auf Wegspuren zur Alpe Solià und Abstieg über Bissoggio nach Beura (T3, 2½–3 Std).

Der auf Karten eingezeichnete Weg, der wenig nördlich des Pizzo Colla Bassa vom Tal her einmündet, ist nicht zu empfehlen (steil, schlecht markiert und kaum mehr begangen).

Zwischen Alpe Marzone und Alpe Corte di sopra existiert die markierte, aber anspruchsvollere Alternativroute über Alpe Vadione (stellenweise T3, feuchte Streckenteile, weniger Aussicht, eher als Aufstieg empfohlen). Rundweg Cuzzego–Sant' Antonio–Cardezza–Panoramaweg–Cuzzego, 2½–3 Std.

Der Panoramaweg, im Hintergrund der Moncucco.

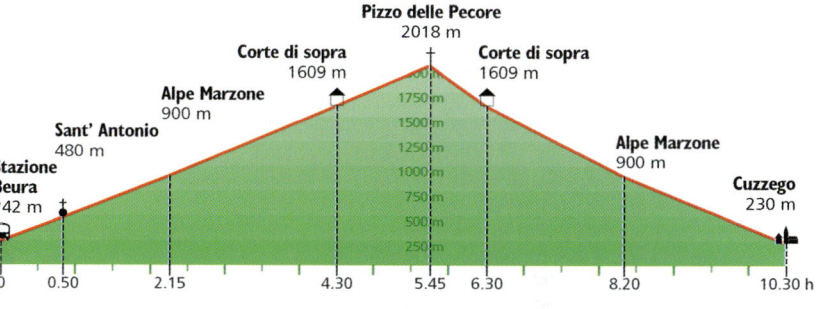

Pizzo delle Pecore
2018 m

Corte di sopra
1609 m

Corte di sopra
1609 m

Alpe Marzone
900 m

Sant' Antonio
480 m

Alpe Marzone
900 m

Stazione
Beura
242 m

Cuzzego
230 m

1750 m
1500 m
1250 m
1000 m
750 m
500 m
250 m

0   0.50   2.15   4.30   5.45   6.30   8.20   10.30 h

Von der Bushaltestelle **Beura Stazione** (242 m), dem ersten Halt nach Beura, geht man ca. 100 m nach Norden zurück und gelangt durch die Bahnunterführung auf die in Serpentinen ansteigende Fahrstraße in Richtung Cardezza. Man folgt ihr bis zur vierten Kurve und zweigt dort auf die bezeichnete Mulattiera ab. Diese quert die Fahrstraße mehrmals und erreicht sie wieder nach der Pfarrkirche von **Cardezza** (430 m). Nach wenigen Metern biegen wir nach rechts in ein Sträßchen ein und gelangen an schön renovierten Kreuzwegkapellen vorbei zum **Oratorio di Sant' Antonio** (ca. 480 m). Nach der Überquerung einer Straße steigen wir auf einem Fußweg gegen ein großes Haus an, gehen links davon vorbei und erreichen nach einer Linkskurve den Hochspannungsmast an der Alpstraße nach Marzone (noch nicht auf der Karte T 285/2008, für den öffentlichen Verkehr gesperrt).

Ungefähr 100 m nördlich des Mastes weist uns der Wegweiser nach rechts in den Wald. Die markierte, aber wenig begangene Route A 22/24 steigt durch einen verwilderten Kastanienwald an, wendet sich vor einer Häusergruppe nach Südosten und erreicht bei einem Brunnen die Alpstraße wieder. In wenigen Minuten gelangt man zum Kehrplatz im Sattel der **Alpe Marzone** (900 m) mit Blick ins tiefe Oglianatal und zu den Alpen am Gegenhang. Wir gehen etwas zurück und benützen die nach Süden abzweigende Naturstraße, überqueren den Platz des jährlichen Älplerfestes und gelangen zur **Alpe Coriesco** (1124 m). Auf einem Fußweg durch schönen Buchenwald kommen wir über einen Bergkamm zu den verfallenen Häusern von **Il Giogo** (1470 m), wo wir mit einer prächtigen Aussicht belohnt werden. Nun steigt der Weg steiler an, und die Buchen werden durch Lärchen abgelöst. Nach

Rechts die Pyramide des Pizzo della Pecore, von Osten gesehen.

einem flachen Wiesenstück verlässt der Weg den Kamm, biegt – vorerst eben, dann leicht sinkend – ins Oglianatal ein und führt auf ca. 1660 m unter dem Pizzo Colla Bassa (1709 m) durch. Es folgt eine sehr schöne Höhenwanderung in stetem Auf und Ab zum weiten Boden der **Alpe Corte di sopra** (1609 m). Hier stehen neben dem gut eingerichteten Bivacco umgebaute Ferienhäuser. Auf steilem, aber gut sichtbarem Weg durch Alpenrosensträucher geht es nun in südwestlicher Richtung zum Grat hoch und an zwei Parabolantennen vorbei zum Gipfel des **Pizzo delle Pecore**, der »Schafspitze« (2018 m). Der Panoramablick von der unteren Ossola über den Monte Rosa bis zum Monte Leone ist großartig.

Der Abstieg zur **Alpe Corte di sopra** erfolgt auf dem gleichen Weg. Ab dort gibt es einen alternativen Rückweg, der aber mühsamer und weniger attraktiv ist (siehe Varianten). Wir genießen nochmals die starken Eindrücke der Originalroute, bleiben aber im Abstieg von **Alpe Marzone** auf der Straße. Beim Hochspannungsmast steigen wir auf der bekannen Route zum **Oratorio di Sant' Antonio** ab und gehen dort auf dem nach Nordwesten führenden Sträßchen weiter. Dieses beschreibt eine Kurve nach links und wird zu einer Mulattiera, die bei der »Capela de la Mort« in den Panoramaweg von Cardezza nach Cuzzego mündet. Auf ihm erleben wir einen sanften Ausklang und erreichen die Busstation **Cuzzego** (230 m) durch die Via Cardezza.

Sonnige Aussichtsplätze am Rande des Val Grande

Premosello-Chiovenda war einst nicht nur eine wichtige Station am Handelsweg nach Mailand, sondern auch die Eingangspforte zum weitläufigen Weidegebiet im heutigen Naturpark Val Grande. Seine Bewohner trieben ihre Herden über die 1728 m hohe Colma auf die nun verlassenen Alpen. Im Sommer 1969 verbrachte Paolin Primatesta als letzter Älpler den Sommer auf der Alpe Serena. Im Zweiten Weltkrieg litt das Dorf stark an den Folgen des Partisanenkrieges, wovon Straßen- und Platzbezeichnungen sowie alljährliche Gedenkanlässe zeugen. Heute ist Premosello südlicher Ausgangspunkt der klassischen Val-Grande-Durchquerung, und der sonnige – im Sommer recht heiße – Hang über dem Dorf lädt zu interessanten Wanderungen ein. Ein »Sentiero Natura« mit Informationstafeln lässt das Tagwerk und Traditionen früherer Zeiten wieder aufleben.

Ausgangspunkt: Premosello-Chiovenda (222 m), Regionalzugstation der Linien Domodossola–Novara und Domodossola–Milano, Haltestelle der Buslinien Verbania–Domodossola und Novara–Domodossola.
Höhenunterschied: 910 m.
Anforderungen: Gut markierte Wege, teilweise auf Naturstraßen. Beste Jahreszeiten: Vorfrühling und Spätherbst.
Einkehr und Unterkunft: Hotels und Restaurants in Premosello und Vogogna. Vor kurzem umgebauter Circolo mit Übernachtungsmöglichkeit in Colloro, Tel 0324 88194, E-Mail gianfranco.villa@libero.it. B+B »Cà dal Preu« (umgebautes Pfarrhaus) in Colloro, Tel. 0324 887 45, www.colloro.com/cadalpreu.
Karten: T 285 Domodossola 1:50.000.
Varianten: Bei der Straßenabzweigung oberhalb Colloro den Weg nach unten nehmen, nach ca. 300 m bei der Kapelle und dem Wegweiser »Via Lutto dei Ronchi« in den steilen Weg nach links einbiegen, durch Häuser unterhalb des Circolo zur Straße und auf die Mulattiera nach

Premosello (1 Std.).
Die folgenden Varianten sind interessant, aber nur punktuell markiert und teilweise anspruchsvoll (T3):
Von der Alpe Lut weiter auf dem Fahrsträßchen, bei der Kapelle von Agaroli nach links über ein Bachbett, dann steil und kurz exponiert zur aussichtsreichen Alpe La Colla (1415 m), auf der Route A 38 über Ai Curt zur Straßenabzweigung oberhalb Colloro, total 4½ Std.
Vom Bahnhof Vogogna am Visconti-Schloss vorbei nach Genestredo (350 m) aufsteigen, dann Richtung Burgruine La Rocca, beim Geländer nach dem Bachübergang den oberen Weg nehmen und auf markiertem, aber rauem und gelegentlich exponiertem Höhenweg nach Colloro (total 2 Std. 20 Min).
Vom Parkplatz bei der Kirche San Martino in Genestredo ca. 150 m auf der Straße nach Westen und dann in den Wald hinein, weiter auf der Route A 34 zur Alpe Pianoni (955 m) und auf der A 36 durch ein steiles Couloir und über einige Runsen nach Capraga, 3 Std.

Vom Bahnhof **Premosello-Chiovenda** geht es auf die Hauptstraße, dort etwas nach rechts und dann vorbei an einer ersten Informationstafel des »Sentiero Natura« auf der Via Caduti per la Libertà bis zur ersten Brücke. Wir überqueren diese und folgen der Via Dante Alighieri talabwärts. Nach knapp 200 m führt die Via Garibaldi bergwärts, auf der wir eine Straße queren und an einem Bildstock vorbei zum Beginn einer Mulattiera mit Wegweiser und den ersten rot-weißen Markierungen gelangen. Leicht ansteigend passieren wir im Wald ein Oratorio und eine erneuerte Alp mit Terrassierungen und kommen dann zu den Wiesen des **Pian del Manico** (479 m). Der steiler werden-

Die schön gelegene Kapelle von Lut.

de Weg biegt zunehmend nach Norden ein, und bei den Häusern des **Alpetto Cornala** (638 m) wenden wir uns nach Westen und erreichen oberhalb der Alp die von Colloro kommende Straße. Nach einigen Kehren gelangen wir in kurzer Zeit zur vom Tal aus sichtbaren Kapelle **Madonna di Lut** (804 m) mit dem idyllischen Rastplatz. Von hier führt ein Fußweg zur Alpstraße hinunter, der wir bis zur **Abzweigung** (600 m) oberhalb Colloro und dann wieder aufwärts in Richtung Capraga folgen. Vor der Kirche **San Bernardo** (818 m), die unterhalb der Straße steht, zweigen wir rechts auf einen Alpweg ab, der uns durch Kastanien-

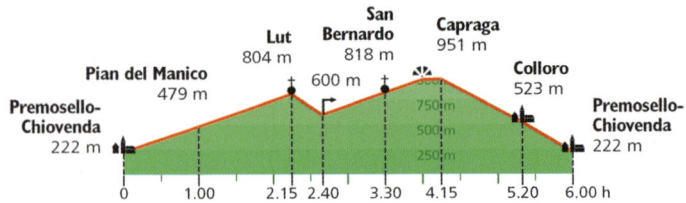

Steil steigen die Grenzberge des Val Grande über den Häusern von Sasso Termine an.

wald nach **Sasso Termine** (945 m) bringt. Eine weite Rundsicht vom Lago Maggiore zum Monte Rosa belohnt unsere Anstrengungen. Nun führt ein Sträßchen nach dem schönen Maiensäß **Capraga** (951 m), wo in den Sommermonaten reges Leben herrscht.

Im Abstieg folgen wir der Fahrstraße bis zur Kirche San Bernardo, wo eine schön angelegte, aber streckenweise rechte raue Mulattiera nach **Colloro** (523 m) beginnt. Wir erreichen das Dorf leicht unterhalb der Kirche San Gottardo und steigen durch die Via Fontana del Bosco an schönen Häusern und Innenhöfen vorbei zu einer Querstraße ab. Diese wird überquert, und nach einem kurzen feuchten Wegstück beginnt die schöne Mulattiera ins Tal. Unseren Weg säumen Informationstafeln des »Sentiero Natura«, die unter dem Titel »Vivere in salita« das beschwerliche Leben, aber auch die Freuden der Dorffeste früherer Generationen schildern. Am Platz der »pussà« bei der von der Zeit gezeichneten Kapelle der Madonna di Re (Tafel 5) war wohl einst eine verdiente Ruhepause im Aufstieg fällig. Nach zweimaliger Überquerung der Fahrstraße erreichen wir beim Oratorio Sant' Anna das Flussbett des Rio del Ponte und gelangen zum Hauptplatz und zum Bahnhof von **Premosello-Chiovenda**.

Rundtour über das strategisch wichtige Granitmassiv

Der Montorfano, der »verwaiste Berg«, ist ein markanter Bergrücken, der den Mergozzosee und einen Seitenarm des Lago Maggiore vom untersten Tosatal trennt. Er hat in mancherlei Hinsicht Bedeutung erlangt. So wurde der weiße Granit für den Bau des Mailänder Doms hier aus einem Steinbruch gebrochen, der noch heute in Betrieb ist. In Montorfano, dem schön gelegenen Dorf auf dem südöstlichen Ausläufer, steht nicht nur die sehr gut erhaltene romanische Kirche San Giovanni Battista aus dem 11. Jahrhundert, es sind bei archäologischen Grabungen auch Mauerreste aus dem 5. Jahrhundert gefunden worden. Und schließlich bildet der Berg auch ein Bollwerk der Verteidigungslinie »Linea Cadorna« aus dem Ersten Weltkrieg. Zahlreiche militärische Festungen, Schützengräben wie auch ein in den Felsen gehauenes Munitionsdepot mit Pulverfabrikation (Polveriere) sind Zeugnisse aus geschichtsträchtiger Zeit.

Die Rundwanderung führt zunächst von Mergozzo am westlichen Seeufer entlang auf dem »Sentiero Azzurro« nach Montorfano. Von dort geht es auf einem Bergweg, der – geschickt und sicher angelegt – Felspartien traversiert, auf den 794 m hohen Gipfel mit seiner traumhaften Rundumsicht vom Lago Maggiore über die Berge des Val Grande bis hin zu den Gipfeln im italienisch-schweizerischen Grenzgebiet und auf den Lago d' Orta. Im Abstieg, der zu einem guten Teil auf einem spektakulär mit Steinplatten angelegten Militärweg verläuft, kommen wir nahe an den »Polveriere« vorbei, um dann hoch über Brusco durch schattigen Wald wiederum nach Mergozzo zu gelangen.

Ausgangspunkt: Mergozzo (204 m), Station der Regionalzüge Domodossola – Milano und Haltestelle einiger Kurse der Buslinie Domodossola – Verbania.

Höhenunterschied: 590 m.

Anforderungen: Gut markierte und unterhaltene Wege, Aufstieg von Montorfano auf den Gipfel stellenweise steil und anspruchsvoll.

Einkehr und Unterkunft: Albergo-Ristorante La Quartina in Mergozzo, Tel. 0323 80118, www.laquartina.com. Ristorante La Nuova Posta, Via Strada Vecchia 4, Mergozzo, Tel. 0323 80641 oder 393 6173711, E-Mail: nuovaposta.ap@libero.it. Trattoria Belvedere in Montorfano,

Tel. 0323 80134.

Karten: T 285 Domodossola 1:50.000, Carta Escursionistica Transfrontaliera Nr. 2 Valle Strona, Mottarone 1:50.000.

Varianten: Von der Bushaltestelle Ponte Toce der Linien Domodossola – Verbania und Verbania – Omegna ca. 200 m auf der Straße in Richtung Mergozzo zu einem Werkplatz und auf spektakulärem, bezeichnetem Weg steil und stellenweise abschüssig zur Abzweigung »Polveriere«. Wenig weiter nördlich weitere Aufstiegsmöglichkeit auf dem ehemaligen Militärsträßchen.

Von der Bahnstation Verbania-Pallanza auf der Straße nach Montorfano, ½ Std.

Map labels

Ornavasso

Premosello-Chiovenda

Passera

Mergozzo
204

Lago di Mergozzo

Alpe Faramboda

C. Camponin
2051

815

Brusco

324

Alpe Höbol

C. Passera

Sentiero Azzurro

645

Cima Montorfano
794

C. Morandi

Stazione Verbania-Pallanza
204

325
Montorfano

Alpe Cottini

Alpe Grandi
540

A 56

597

Munitions-depot

Fiume Toce

Pra Michelaccio

Pedemonte
223

481

Pratoprimo

Riccinano

Fenilo

Arzo
442

Gravellona Toce

SS33

Tour 16

0   500m   1 km

Die romanische Kirche von Montorfano.

Bei der Busstation in **Mergozzo** (204 m) auf der Piazza Vecchio Olmo gehen wir ein kurzes Stück auf der Hauptstraße zurück, zweigen dann nach links ab und steigen am Rande der Ortschaft hoch. Danach folgen wir in südwestlicher Richtung in die Via al Sasso ein und gelangen auf den Sentiero Azzurro. Der schön angelegte Weg bringt uns in sanfter Steigung etwas oberhalb des Ufers des Lago di Mergozzo und über den Bahngleisen in schattigem Wald und sanfter Steigung bis zur Straße, die zur Stazione Verbania-Pallanza führt. Hier weist uns ein Wegweiser ins Dorf **Montorfano** (325 m) mit der prächtigen romanischen Kirche. Von dort folgen wir auf der gut markierten A 56 ein Stück weit einer asphaltierten Zufahrtsstraße zum Steinbruch, zweigen aber bald in Richtung Nordwesten ab und folgen nun dem schmalen Fußweg in den Wald hinein. Dieser steigt bald steil und

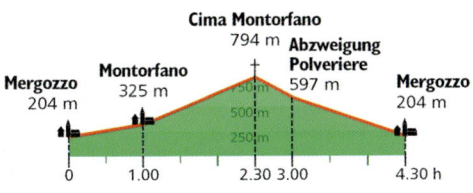

Blick vom Gipfel nach Norden.

ruppig an, quert Felspartien und führt streckenweise eine zur »Linea Cadorna« gehörenden Rampe entlang. Auf einer kleinen Lichtung über einer Felskuppe öffnet sich ein schöner Ausblick auf den Lago Maggiore, und nach einem weiteren steilen Aufstieg gelangen wir auf direktem Weg zur **Cima Montorfano** (794 m) mit großartigem Weitblick in alle Himmelsrichtungen. Im Abstieg nehmen wir beim Wegweiser den Weg in Richtung Polveriere und erreichen bald das Militärsträßchen, auf dem einst Geschütze auf den befestigten Berg hochgezogen wurden. Es überwindet den steilen Hang in zahllosen Serpentinen. Nach etwa einer halben Stunde erreichen wir die Abzweigung, die nach links zu den Polveriere führt. Die paar Schritte zum in den Felsen gehauenen Munitionsdepot samt Fabrikationsstätte lohnen sich.
Zurück zur Abzweigung folgen wir der Naturstraße in nördlicher Richtung, die sich nach dem Steinbruch gegen Brusco senkt. Wir verlassen diese bei der dritten Linkskurve auf einem schmalen Pfad, der uns auf einen Waldweg und weiter nach **Mergozzo** hinunterführt.

Großer Rundweg über die Alpen von Ornavasso

Wer auf der Fahrt durch die untere Ossola aufmerksam nach Süden blickt, entdeckt kurz vor dem Delta der Tosa zwei Kirchen über dem Dorf Ornavasso: Die mächtige Chiesa della Guardia mit dem daneben stehenden Signalturm und, weiter oben halb verdeckt, das Heiligtum der Madonna del Boden. Bis in die zweite Hälfte des vorigen Jahrhunderts war diese Wallfahrtskirche Ziel vieler Pilgergruppen, auch aus dem Wallis. An den steilen Hängen, die vor 750 Jahren von eingewanderten Walsern gerodet wurden, liegen über 50 kleine, meist verlassene Alpen mit oft eigenartig klingenden italienisierten Walser Namen. Viele von ihnen hat sich der Wald zurückerobert, andere sind in den Sommermonaten noch bewohnt. Die wenig begangenen Wanderrouten in diesem engen Tal verlaufen meistens im Wald und folgen den gut angelegten alten Alpwegen. Immer wieder bieten sie überraschende Ausblicke, vor allem aber sind es Wege in die Stille und Zeugnisse einer vergangenen Alpwirtschaftskultur. Hier treffen wir auch auf die Überreste der Verteidigungsanlagen der »Linea Cadorna«, die im Ersten Weltkrieg von der italienischen Armee zur Sicherung der Nordgrenze zwischen der unteren Ossola und dem Luganersee erstellt wurden. Auf den ehemaligen Militärwegen sind interessante Wanderrouten entstanden.

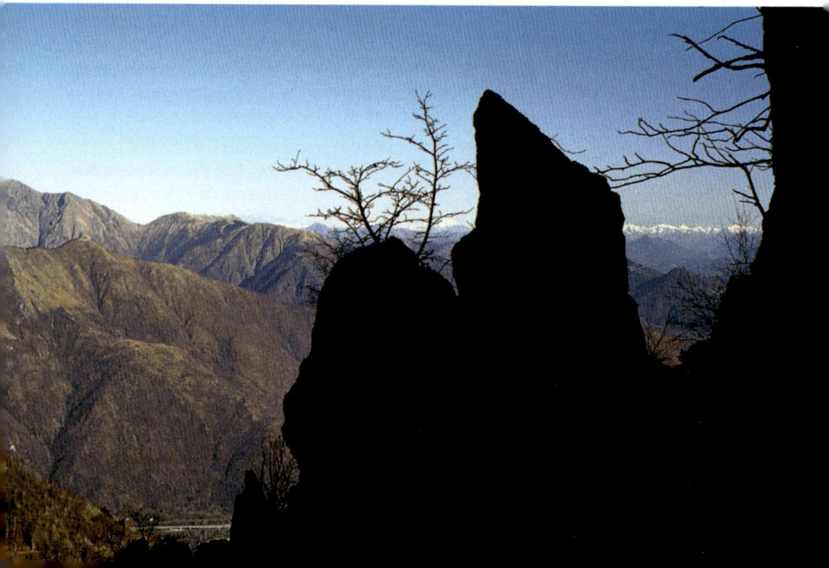

Ausgangspunkt: Ornavasso (213 m), Station der Regionalzüge Domodossola –Novara, Haltestelle der Busstrecke Domodossola –Verbania.

Höhenunterschied: 1150 m.

Anforderungen: Markierte, zum Teil steile Alpwege, im Herzstück der Querung anspruchsvoll (steile Gräben, wegen der Schattenlage lange Schnee und Eis). Gutes Orientierungsvermögen ist gefragt, weil der Wald die Weitsicht behindert.

Einkehr und Unterkunft: Antica Trattoria del Boden, bei der Wallfahrtskirche, 3 Zimmer mit gemeinsamem Bad/WC, Tel. 0323 835976 oder 345 5552299, www.trattoriaboden.it. Rifugio Cortevecchio des CAI Gravellona Toce, offen Mai bis Oktober, Tel. 0323 846076 oder 349 2127830, ca. 45 Min. oberhalb von Corte di Mezzo. Der Hüttenwart übernimmt oder vermittelt Transporte.

Karten: T 285 Domodossola 1:50.000.

Varianten: Anspruchsvoller und steiler Aufstieg ab Straße vor San Bartolomeo nach Pogalti, grün markierte Route des ehemaligen Berglaufes »Chilometro verticale«.

Vom Rifugio in 1¾ Std. zur Bochetta del Massone (1904 m) und in weiteren 45 Min. zum Monte Massone (2161 m); Abstiege ins Stronatal siehe Tour 50.

Nach Olmaine sotto (ca. 1030 m), bei den untersten Häusern nördlich in den Wald absteigen und über Faramboda (663 m) zur Aufstiegsroute bei San Bartolomeo. Von der Brücke bei San Bartolomeo über Faramboda – Alpe Hobol – Alpe Grandi nach Gravellona zur Via Martiri und südlich der Kirche Pedemonte zur Bahn- oder Busstation (3½ Std, über Arzo 4¾ Std.).

Das wenig begangene Mittelstück des markierten ehemaligen Militärweges A 21 ist zwischen Forte Bara und Capanna Legnano trotz periodischen Unterhalts von Überwachsung bedroht. Informationen über die Begehbarkeit erteilen der Hüttenwart oder E-Mail cai.gravellona@ libero.it.

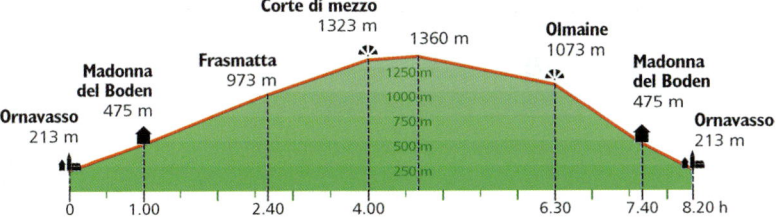

Ab Station oder Bushalt **Ornavasso** (213 m) folgen wir dem Fluss San Carlo, überschreiten die erste Brücke und gelangen über die Via Naters und die Via Gassa zur erhöht liegenden Pfarrkirche San Nicolao. Nach der Querung der Straße folgen wir dem in einer Unterführung beginnenden alten Pilgerweg mit Kreuzwegkapellen zur Wallfahrtskirche **Madonna del Boden** (475 m). Kurz nach der Kirche biegen wir in den ehemaligen Fahrweg nach **Frasmatta** (973 m) ein und erreichen die architektonisch interessanten Häusergruppen dieser Walsersiedlung. Bald treffen wir auf die nur für Geländewagen geeignete Fahrstraße, die uns nach **Corte di**

Links: Auch im Hochsommer liegt der Durchgang der »Porta« fast immer im Schatten.

Im Aufstieg zur Madonna del Boden.

mezzo (1323 m) führt. Bevor wir hier in die Route A 11 einbiegen, lohnt sich ein Blick zum Lago Maggiore und zu den fernen Tessiner Bergen. Während gut 1 ½ Std. folgen wir nun dem bezeichneten Querungsweg der Traversata im schattigen Wald. Er verläuft mehr oder weniger wagrecht an einem recht steilen Nordhang, ist meistens angenehm breit, weist aber unvermutet leicht exponierte Stellen in Gräben und um Felsrippen auf. Eine solche Felsrippe ist der schmale Durchgang der »Porta«.

Ab **Alpe Lisangorto** (1192 m) wird der Weg breiter und führt in leichtem Gefälle zur ersten zerfallenen Häusergruppe der **Alpe Braitavon** (1101 m). Hier führt die offizielle Wanderroute A 13 nach Madonna del Boden hinunter. Wir wählen jedoch den breiten Weg, der oberhalb einer größeren Häusergruppe leicht sinkend **Olmaine** (1073 m) erreicht. Diese offene Alp mit einigen schön umgebauten Häusern bietet eine imposante Aussicht nach Westen und Norden und lädt zum Verweilen ein. Der mit orangen Markierungen versehene Abstieg führt beim ersten Haus nordwestwärts durch die Weiden in den Wald hinunter, biegt nach etwa 50 Höhenmetern nach links ein und erreicht in angenehmem Gefälle auf ca. 950 m Höhe die von Braitavon her kommende Route A 13. Nach einem eher rauen Wegstück erreichen wir die Alpe **Ultosvendi** (796 m) und dann die Fahrstraße oberhalb von San Bartolomeo. Bald ist die Wallfahrtskirche in Sicht, und wir gelangen auf der Aufstiegsroute nach **Ornavasso** (213 m).

Auf Walserspuren zum Blumenparadies

Das Moorgebiet von Sangiatto wird von Blumenfreunden als Diadem der Alpe Devero gepriesen. Im Hintergrund die Punta della Rossa.

Die anmutige Lage, die geologische Vielfalt und die sommerliche Blumenpracht machen die Alpe Devero zu einem beliebten Ausflugsort. Kleine Hotels, Restaurants, Ferienwohnungen und Bed-and-Breakfast-Angebote, die zum Teil auch im Winter geöffnet sind, ermöglichen einen angenehmen Aufenthalt. Der durch einen Kleinbusbetrieb erschlossene weite und sonnige Alpboden bietet interessante Wanderungen verschiedener Anforderungsstufen. Unsere Route beginnt im hinteren Deverotal, quert dessen sonnigen Nordhang und führt über das nur im Sommer bewohnte Walserdorf Ausone/Opso. Nach dem Aufstieg vom Stausee Agaro traversiert sie das botanisch vielfältige Feuchtgebiet der Sangiatto-Seen, um dann über »bestoßene« Alpen und das idyllisch gelegene Crampiolo den Alpboden bei Ai Ponti zu erreichen. Der Abstieg nach Goglio erfolgt auf dem historischen Albrunweg. Ein besonderes Erlebnis ist der Aufstieg auf dem alten Weg von Croveo nach Agaro (siehe »Varianten«).

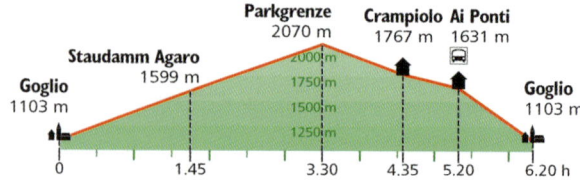

Parkgrenze 2070 m — Crampiolo 1767 m — Ai Ponti 1631 m — Staudamm Agaro 1599 m — Goglio 1103 m — Goglio 1103 m

2000 m — 1750 m — 1500 m — 1250 m

0 — 1.45 — 3.30 — 4.35 — 5.20 — 6.20 h

Ausgangspunkt: Goglio (1103 m), Haltestelle der Kleinbuslinie Baceno−Alpe Devero, Tel. 349 0796016.

Höhenunterschied: 970 m.

Anforderungen: Gut bezeichnete Wege, Tour aber eher anstrengend und lang. Für die Begehung des Tunnels Stirn- oder Taschenlampe erforderlich.

Einkehr und Unterkunft: Albergo La Baita Crampiolo, Tel 0324 619190 oder 338 1246666, E-Mail: labaitacrampiolo@ libero.it, auch einfache Gruppenunterkunft. Albergo Ristorante Casa Fontana, Ai Ponti, Tel. 377 3108017, www.casafontanadevero.it. Rifugio CAI Enrico Castiglione, Tel. 0324 619126 oder 333 3424904. siehe Inserate und www.alpedevero.it.

Karten: 275 T Valle Antigorio 1:50.000, Wanderkarte Binntal/Veglia-Devero 1:25.000.

Varianten: Reizvoller, aber anstrengender Weg H 6 von Croveo (814 m) zum Staudamm Agaro, 2¾ Std. Vom oberen Weg über Suzzo wird abgeraten.

Beim Staudamm Route H 6 zum Passo del Muretto (2347 m), 2¾ Std.

Interessante, aber anspruchsvolle Alternativroute zum Albrunpass nach Binn über Geisspfadpass/Passo della Rossa.

Im Abstieg nach Goglio nach Querung des Druckstollens (ca. 1400 m) Abzweigung des früher viel begangenen »Schweizerweges« nach Crodo; siehe auch Touren 42 und 43.

In **Goglio** (1103 m) folgen wir der Fahrstraße in Richtung Alpe Devero und zweigen nach knapp 100 m Höhengewinn nach rechts ab. Auf der wenig befahrenen Werkstraße gewinnen wir regelmäßig an Höhe und erreichen bald

Der südliche Zugang zum Naturpark bei Ai Ponti.

Der Lago delle Streghe bei Crampiolo.

Ausone (1463 m) mit seinen typischen Walser Stadeln. Kurz danach treten wir in den 1,5 km langen Werktunnel ein und gelangen zum **Staudamm Agaro** (1599 m), hinter dem 1940 das gleichnamige Dorf versunken ist. Der Weg wendet sich nun nach Nordwesten, steigt über die verlassene Alpe Corte Verde steil an und erreicht oberhalb der Alpe Nava eine Hochebene. Hier, auf 2070 m, überschreiten wir die Grenze zum Naturpark und halten uns ab jetzt an die auf Tafeln festgehaltenen Besucherregeln. In Kürze erreichen wir das blumenreiche Moorgebiet der drei Laghi di Sangiatto und steigen auf dem von der Bocchetta di Scarpia her kommenden Weg zur Mulde von **Crampiolo** (1767 m) ab. Diese Siedlung mit den gut erhaltenen Alpgebäuden und der schönen Kapelle ist in eine eindrückliche Landschaft eingebettet. Von hier führt ein Sträßchen nach Südwesten. Wir wählen aber den interessanteren »Sentiero Natura«, der über den romantischen Lago delle Streghe (Hexensee) und Canton den tiefsten Punkt der Alpe Devero bei **Ai Ponti** (1631 m) erreicht. Hier steigen wir ein kurzes Stück gegen den Parkplatz ab und gelangen in leichtem Gefälle zu den Häusern von Forcola, wo sich uns der Tiefblick ins Deverotal öffnet. In kunstvoll angelegten Windungen senkt sich nun der Albrunweg H 0 steil zum Ausgangspunkt **Goglio** hinab.

Vom Aussichtsbalkon des Deverotals zum Schweizerweg

Wer in Baceno aufmerksam nach Nordwesten blickt, entdeckt auf einem von Süden absinkenden Felskamm eine weiße Kapelle. Sie scheint vom Tal her unzugänglich, doch frühere Generationen haben wagemutig einen kühnen Aufstiegsweg gebaut. Eine weitere Überraschung ist der sanfte Alpboden der Maiensäß-Siedlung Esigo, den man nach der Überwindung der Felswand betritt. Nach dem höchsten Punkt der Tour wandern wir eine Strecke auf dem geschichtsträchtigen Schweizerweg, der vom Wallis über den Albrunpass in die Lombardei führte.

Tiefblick vom Rastplatz in das Valle Devero.

Ausgangspunkt: Baceno (640 m), Haltestelle der Buslinie Domodossola–Formazza. Kleinbus Baceno–Devero.
Höhenunterschied: 710 m.
Anforderungen: Markierte Wanderwege. Oberer Teil des Anstiegs zur Kapelle über Treppen für trittsichere Wanderer, bei nassem Wetter nicht empfohlen.
Einkehr und Unterkunft: Ristorante Pizzeria Cistella in Croveo, Tel. 0324 620 85, www.trattoria-cistella.it
Im Hochsommer einfacher Agriturismo Cat Fausc im oberen Teil von Esigo, Tel. 0324 62344 oder 347 5441405.
Karten: 275 T Valle Antigorio 1:50.000, Wanderkarte Binntal/Veglia-Devero 1:25.000.
Varianten: Umgehung des steilen Aufstiegs über Alpsträßchen (Abzweigung ca. 1 km nach Ponte).
Ab Alpe Agarù nach Alpe Devero (Weg in schlechtem Zustand), Karte Tour 43. Übergang nach San Domenico.
Ab Alpe Agarù nach Crodo über Cravegna, 2 ½ Std,, nach Compolo 1 ½ Std.

Bei der Bushaltestelle **Baceno** (640 m) folgen wir dem Sträßchen nach Südwesten, biegen später nach rechts ein und gelangen zum Fluss Devero und auf der Mulattiera zum Dorf **Graglia** (711 m). Von dort steigt die Route H 0 an, überquert den Rio Ghendola auf gemauerten Pfosten und erreicht die »Caldaie« (Gletschertöpfe) bei **Croveo** (814 m). Danach kommen wir beim »Villaggio Treno dei Bimbi« vorbei, das der Kapuzinerpater Michelangelo 1966 mit ausrangierten Eisenbahnwagen als Feriendorf für bedürftige Kinder aufgebaut hat.

Nach **Osso** (831 m) steigen wir bei einer Wegkapelle in den steilen Weg H 3 nach Esigo ein. Nach einer kurzen Strecke durch Sträucher und hohes Gras verläuft dieser gut sichtbar im Wald und

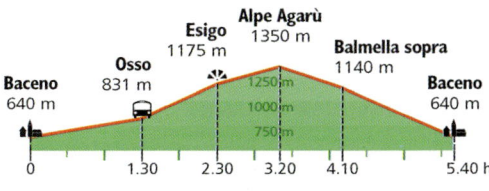

geht oben in »luftige«, aber breite Treppen unter den Felsen über. Bald gelangt man zum Rastplatz bei der weißen Kapelle und über einen Feldweg nach dem im Sommer bewohnten **Esigo** (1175 m). Auf einer Alpstraße erreichen wir über die Häusergruppe von I Pontigei die »Strada di Squetar«, den alten Schweizerweg. Die aussichtsreiche **Alpe Agarù** (1368 m) liegt einige Meter höher. Bis zur Abzweigung nach Deccia/Compolo verläuft der angenehme Weg fast flach im Wald, um dann steiler Richtung Cravegna abzusinken. Bei den zerfallenden Häusern von **Balmella sopra** (1140 m) finden wir einen guten Waldweg, der nach Norden absinkt und später in eine Naturstraße einmündet. Dieser folgen wir bis zur Kurve bei **Uranzo** (898 m), wo wir nach Süden in einen Wiesenweg einbiegen. Er führt bald in den Wald, verläuft ein Stück weit den Rio Ghendola entlang und erreicht südlich von Croveo die Aufstiegsroute.

109

Höhenweg über der Simplonstraße

Auf der Fahrt Richtung Schweiz entdeckt der Reisende unterhalb von Varzo die hoch über dem Tal stehende Pfarrkirche von Trasquera. Das auf einer aussichtsreichen Terrasse liegende Dorf selbst bleibt ihm verborgen, es ist aber einen Besuch wert. Von der Römerzeit bis ins Mittelalter führte der Simplonweg über Varzo, Trasquera, Bugliaga und Alpe Vallescia zum viel begangenen Pass, bevor die Gondoschlucht dank aufgehängter Stege passierbar wurde.

Ausgangspunkt: Bahnstation Iselle (629 m), erreichbar ab Brig mit den Autozügen ab Bahnsteig 90 (ca. 8 Min. Gehzeit vom Bahnhof), ab Domodossola mit Bus. Die Endstation des Busses ca. 150 m westlich der Bahnstation ist auch Haltestelle der schweizerischen Postautolinie Brig – Domodossola.

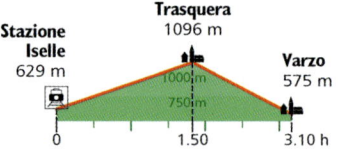

Endpunkt: Varzo, Haltestelle Bertonio der Buslinie Domodossola – Iselle (575 m), Fahrplan auch im Feld 145 des offiziellen Kursbuches der Schweiz. Ab Bahnhofsplatz Varzo verkehrt der Prontobus nach Trasquera, auf Verlangen auch bis Sotta und Bugliaga, Tel. 349 1425640.

Höhenunterschied: Aufstieg 470 m, Abstieg 520 m.

Anforderungen: Bezeichnete und gut unterhaltene Wege.

Einkehr und Unterkunft: Ristorante Pizzeria Alpino, Trasquera, Tel 0324 79161 oder 388 1029662, Agriturismo »La Fraccia« auf der schön gelegenen Alpe Fraccia, 40 Min. ab Zentrum Trasquera, Tel. 320 148 9213, www.fracciaagriturismo.it.

Karten: 275 T Valle Antigorio 1:50.000, Wanderkarte Alta Via della Val Divedro 1:50.000.

Varianten: Markierte Rundtour mit anspruchsvollem Aufstieg »Scagnol« für Schwindelfreie und Trittsichere (T3/T4): 3 km auf der Simplonstraße (kein Trottoir, Weg teilweise neben der Straße) bis vor Balmoreglio, nach Einlaufstrecke »luftiger« Aufstieg über 250 m in die Felsen gehauenen Treppenstufen, mit Ketten gesichert, weiter zum Sträßchen nach Bugliaga; Abstieg zur alten Brücke »Ponte del Diavolino«, ab Trasquera auf Originalstrecke nach Iselle, total 5 – 5½ Std. Von Bugliaga zum Passo della Possette (2179 m), 2¾ Std., siehe Tour 44.
Oberhalb des Ortsteils Schiaffo Rundweg Agro Dentro (1731 m), Aufstieg T3, via Agro Fuori (1797 m) – Fraccia (1300 m) nach Trasquera, 4 Std.
Von Trasquera nach Ponte Campo 2½ Std. (siehe Tour 21).

Von der Verladerampe **Iselle** (629 m) geht man zur Simplonstraße hinunter und dort weiter bis zur steil aufsteigenden Kraftwerkröhre. Auf einem Treppenweg folgt man dieser bis zu den Häusern von Pianezza (815 m).
Nun steigt der Weg im Wald sanfter an, überquert zwei Bäche und erreicht durch Wiesen auf einem letzten steilen Wegstück den Ortsteil **Chiezzo** (988 m). Nach der Überquerung der Straße gewinnt man einige Höhenmeter

und kommt auf einem Wiesenweg zur Kirche im Dorfzentrum von **Trasquera** (1096 m), wo sich Rastplätze und Toiletten befinden. Da der Wanderweg wenig begangen und teilweise zugewachsen ist, geht man besser auf der Straße zur schön gelegenen Pfarrkirche der Heiligen Gervasio und Protasio mit dem angrenzenden Friedhof hinunter. Kurz darauf biegt man in die Jahrhunderte alte »Veja d'Bröcc« ein, deren Anlage auch heute noch Bewunderung erregt. Der angenehme kopfsteingepflasterte Weg führt zum Ponte Boldrini und zum Ortsteil Bertonio von **Varzo** (575 m) hinunter. Die Bushaltestelle Bertonio befindet sich etwas östlich unterhalb der Brücke, eine weitere an der Straße oberhalb der Bahnstation.

Die von Weitem sichtbare Pfarrkirche von Trasquera.

111

Zum Fuß der Alpe Veglia

Das große Gemeindegebiet von Varzo reicht von den milden Hängen nordöstlich der Simplonstraße bis zu den Grenzkämmen zum Kanton Wallis. Auf halber Höhe liegen viele sonnige Alpen, die teilweise auf Fahrwegen erreichbar sind. Die kleine, aber aktive Sektion Varzo des italienischen Alpenvereins (CAI) hat ein gutes Wanderwegnetz angelegt, und unlängst ist der Höhenweg »Alta Via della Valle Divedro« entstanden. Vier nach Waldtieren benannte Wege erlauben interessante Wanderungen in Dorfnähe.

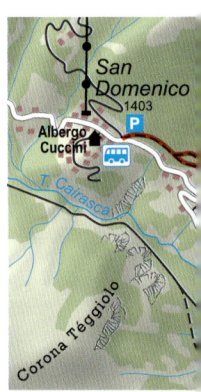

Ausgangspunkt: Varzo (540 m) an der Buslinie Domodossola–Iselle. Haltestelle an der Hauptstraße oberhalb der Abzweigung zur Bahnstation bei Tankstelle und Bank, siehe auch »Öffentlicher Verkehr«. Kleinbuslinie (Prontobus) Varzo–San Domenico, nur wenige Kurse täglich, Tel. 349 1425640.

Höhenunterschied: 1370 m.

Anforderungen: Gut markierte Alpwege, streckenweise Sträßchen. Eine leicht exponierte Passage vor Alpe Proso (Variante) ist mit einem Seil gesichert.

Einkehr und Unterkunft: Ristorante Cà del Vino bei Bushalt Varzo, Tel. 0324 7007, Rifugio Pietro Crosta des CAI Gallarate in Solcio, Tel. 0324 634183 oder 340 8259234, www.rifugiocrosta.it.

Das Rifugio Pietro Crosta ist im Winter auch ein Ziel von Schneeschuhwanderern.

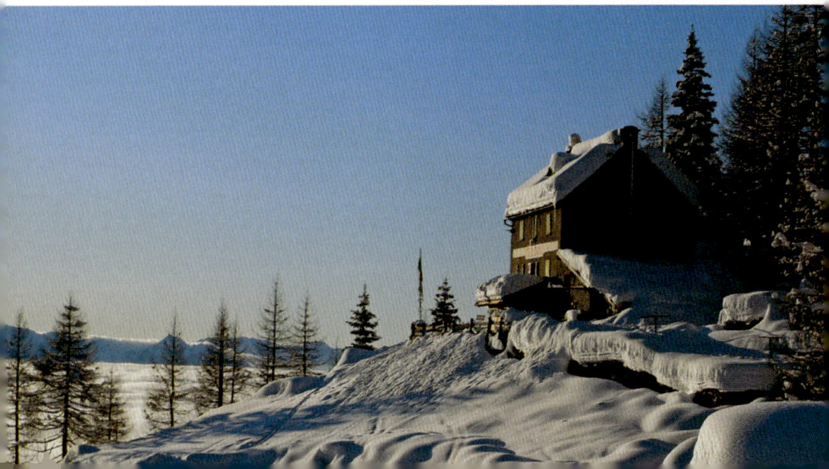

Bivacco der Alpini Crevoladossola auf 1660 m an der Abstiegsroute nach Crevoladossola zwischen Alpe Colmine und Croce di Sasso (Variante, Karte Tour 8).
 Albergo Ristorante Cuccini in San Domenico, Tel. 0324 72476 oder 340 2683384, www.albergocuccini.com.
Karten: T 275 Valle Antigorio 1:50.000, Wanderkarte Alta Via Val Divedro 1.50.000, CAI Varzo.

Varianten: Auf der »Alta Via« ab Kirche Varzo–Cattagna–Abzweigung 100 m südlich des Bachübergangs–Alpe Snic–Alpe Genuina–Passo della Colmine–Rifugio 6–6½ Std (siehe auch Karte Tour 8).
Ab Rifugio über Nava nach Varzo 2½ Std.
Ab dem Rifugio auf der »Alta Via« nach Ciamporino (Tour 21) 2½ Std.
Anspruchsvoller Anstieg (T3/T4) zum Monte Cistella (2880 m) 4 Std.

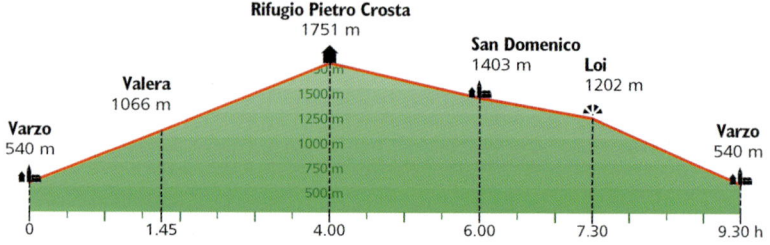

Von der Bushaltestelle oberhalb der Bahnstation **Varzo** (540 m) folgt man dem leicht steigenden Viale Castelli zum Piazzale Trieste mit dem Gefallenendenkmal. Nach der Überquerung des Baches erreicht man über eine Treppe den alten Dorfkern mit der sehenswerten Kirche und biegt in die Straße Richtung Colla ein. Über die schön gelegenen südlichen Ortsteile der Gemeinde steigen wir, streckenweise auf einer Naturstraße, gleichmäßig an. In **Valera** (1066 m) weitet sich der Blick gegen den Simplonpass. Wir bleiben nun unterhalb des Sträßchens auf der alten Mulattiera, überqueren zwei Bäche und steuern auf den Taleinschnitt des Rio Sangioanni zu. Nach Überquerung der Straße folgt ein letzter steiler Anstieg, der uns zum gastlichen **Rifugio Pietro Crosta** (1751 m) des CAI Gallarate bringt. Die eher kleine, in der Mulde von Solcio liegende Berghütte wird vom sympathischen Paar Marina und Enrico bewartet und ist auch im Winter geöffnet. Vom Rifugio folgen wir, leicht steigend, über die Alpen Rono und Marsasca weiter der »Alta Via«, biegen dann aber links ab und kommen auf dem Weg F 14 zur großen Alpe Coaté und über weitere Alpen nach **San Domenico** (1403 m). Der nach dem Zweiten Weltkrieg entstandene kleine Ferienort liegt in einem imposanten Talkessel.Für den weiteren Abstieg benützen wir kurz den Weg von Solcio her, folgen dann dem bezeichneten »Sentiero naturalistico« und gelangen über den Rastplatz »Bosco delle Fate« (Elfenwald) in eine Wiese. Dort führt der Weg oberhalb der Hütten weiter, quert drei Bäche sowie die Route F 12 und erreicht nach dem Rio Fresaia die ausgebauten ehemaligen Alphütten von **Loi** (1202 m). Auf wenig befahrenen Straßen gelangen wir nach **Nava** (1100 m) und steigen im

schattigen Wald nach **Coggia** (788 m) ab. Vom Oratorium Maria Himmelfahrt bringen uns gut erhaltene alte Wege zum Piazzale Trieste in **Varzo**, von wo wir in 15 Min. die Bushaltestelle (540 m) erreichen.

Verlassene Alp auf dem Weg vom Rifugio Crosta nach San Domenico.

Auf Höhenwegen zum Naturpark

Wer von Süden zum majestätischen Grenzberg Monte Leone blickt, kann sich kaum vorstellen, dass zu dessen Füßen ein weiter und lieblicher Alpboden mit schönen Siedlungen zwischen Lärchenwäldern liegt. Hier ertönen von Ende Juni bis Ende August die Kuhglocken, und manche Alphütten sind zu einfachen Sommerresidenzen umgebaut worden. Die Alpe Veglia mit den zu einem Halbkreis angeordneten sechs Häusergruppen ist Etappenort unserer recht anstrengenden zweitägigen Wanderung auf der »Alta Via Val Divedro«. Sie ist auf dem Normalweg von San Domenico her auch in kürzerer Zeit zu erreichen.

Auf dem »Sentiero dei Fiori«.

Ausgangspunkt: San Domenico (1403 m), 13 km von der Haltestelle Varzo der Buslinie Domodossola – Iselle (siehe Tour 20). Prontobus Varzo – San Domenico Tel. 349 1425640. Fahrstraße bis Ponte Campo, Parkplatz. In der Hauptreisezeit Sessellift San Domenico – Alpe Ciamporino, Tel 0324 780868, (www.sandomenico-ciamporino.it).
Höhenunterschied: 1360 m.
Anforderungen: Bezeichnete Wege in alpinem Gelände, im Frühsommer Schneereste in Gräben. Aufstieg zum Passo del Croso steil, als Abstiegsroute wenig geeignet.
Einkehr und Unterkunft: Restaurants und Hotels in San Domenico und Alpe Veglia, www.alpeveglia.it, s. a. Tour 20. Rifugio CAI Città di Arona, Alpe Veglia, Ortsteil Cornù , Tel. 0324 780837, www.rifugiocaiveglia.it.

Rifugio 2000, Alpe Ciamporino, Tel. 0324 72466 oder 347 8153689, www.sandomenico-ciamporino.it/Rif.2000.
Karten: T 274 Visp/T 275 Valle Antigorio 1:50.000, Wanderkarte Binntal/Veglia – Devero 1:25.000, Wanderkarte Alta Via della Val Divedro 1:50.000.
Varianten: Angenehmer Zugang von Trasquera nach Ponte Campo, 2 ½ Std. Unterhalb des Lago d'Avino steiler markierter Abstieg nach Cianciavero, 1 ¼ Std.
Alpe Veglia Cornù – Ponte Campo 1 ¼ Std.
Alpe Ciamporino – Rifugio Solcio (Tour 20), 2 ½ Std.
Interessanter Rundweg Lago Bianco (2157 m) – Pian d'Erboi (2253 m), 3 ½ – 4 Std., siehe auch Touren 43/44.
Tipp: Informationsstelle beim Parkeingang südlich von Cianciavero (Tel. 0324 72574). Naturpfad zu den Laghi delle Streghe.

Piana d'Avino, Blick gegen Nordosten.

Von **San Domenico** folgen wir der Fahrstraße bis **Ponte Campo** (1319 m) und erreichen bald die Abzweigung der Alpstraße nach Vallé. Wir folgen dieser durch Lärchenwald bis zur Abzweigung der GTA auf knapp 1800 m. Nun verläuft der Weg eben nach Norden und mündet später in den anspruchsvollen und streckenweise ausgesetzten »Sentiero di Balmitt«. Wir wählen aber den nach Westen führenden steilen Aufstieg, der anfänglich durch Gebüsch und Felsblöcke führt. Auf dem **Passo del Croso** (2395 m) fasziniert uns die Monte-Leone-Ostwand, aber auch das Panorama nach Norden und Osten. Wir überqueren den weiten Boden der Piana d'Avino und erreichen den vor bald 100 Jahren erstellten Stausee. Kurz vorher informiert eine Tafel, dass wir uns 1700 m über dem Simplontunnel befinden.

Nach der Überquerung der Staumauer gewinnen wir leicht an Höhe und nehmen dann den aussichtsreichen Abstieg unter die Füße. Vorerst säumen Felsblöcke und Schutt unseren Weg, später Heidelbeeren und Alpenrosenstauden, und schließlich wandern wir durch schönen Lärchenwald. Kurz vor der ersten Siedlung treffen wir auf die legendenumwobenen Tümpel der Laghi delle Streghe (Hexenseen). Dann betreten wir bei den Häusern von Aione den Alpboden und gelangen in den Ortsteil **Cornù** (1771 m), wo sich die Alpenclubhütte und zwei kleine Hotels befinden. Von Cornù folgt man vorerst der talwärts verlaufenden Naturstraße und steigt nach dem imposanten Wasserfall des Rio Frua durch den Wald zur **Alpe la Balma** (1769 m) auf. Nun wird der Weg steiler, und wir erreichen die »Portea« auf dem von der Punta Maror herabfallenden Grat und Punkt 2051 mit der Wegkapelle. Der Ausblick ist großartig: Gegenüber die Schneekuppe des Monte Leone, rechts die Grenzberge zur Schweiz, nach Sü-

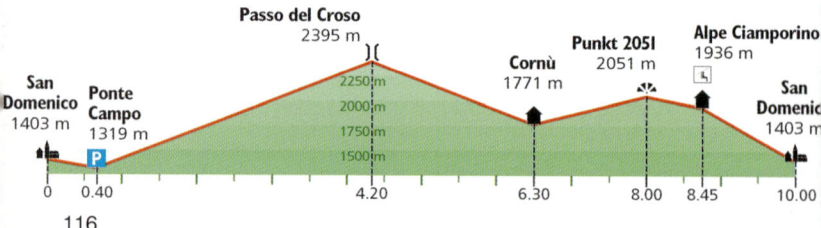

den das Cairascatal und die Gipfel der westlichen Ossola. Dem nun folgenden Höhenweg entlang ist der Blumenlehrpfad »Sentiero dei Fiori« angelegt worden. Nach angenehmem Auf und Ab queren wir zwei Bäche und steigen leicht zur **Alpe Ciamporino** (1936 m) mit der Sesselliftstation und dem Rifugio 2000 auf. Der Abstieg erfolgt südlich der Seilbahn und geht bald in ein Natursträßchen über, das uns in regelmäßigem Gefälle durch Wald nach **San Domenico** hinunter führt.

Auf den Spuren Stockalpers in das Tal der hundert Wasserfälle

Wer sich von Norden Domodossola nähert, erblickt rechterhand hinter dem breiten Delta des Flusses den engen Eingang zum Bognancotal und am Horizont die Viertausender der Weissmiesgruppe. Unser Rundweg ab Domodossola führt auf dem historischen Stockalperweg durch architektonisch reizvolle Dörfer in sonniger Lage zum Talhauptort San Lorenzo. Dann steigt er zu den Kuranlagen hinab und erreicht auf der steilen Südflanke des Tales über Alpen und kleine Weiler wieder den Ausgangspunkt. Die vielen Nebenbäche sorgen für einen spannenden Streckenverlauf und überraschende Ausblicke.

Ausgangspunkt: Bahnhof Domodossola (270 m). Ausgangsort der Buslinie nach Bognanco/San Lorenzo.
Höhenunterschied: 1200 m.
Anforderungen: Gut bezeichnete Wege, vereinzelt steil und rau.
Einkehr und Unterkunft: Für Gruppen auf Voranmeldung im Circolo oder im alten Pfarrhaus Monteossolano Essen und einfache Unterkunft, Paolo und Paola Taffi, Tel. 0324 248356 }oder 349 0670049. Albergo Da Cecilia in San Lorenzo/Graniga, Tel.

0324 234166, www.albergodacecilia.com. Albergo Edelweiss, Bognanco Fonti, Tel. 0324 234131, www.hoteledelweiss.net.
Karten: 285 T Domodossola 1:50.000, Wanderkarte Valle Bognanco 1: 25.000 in Vorbereitung.
Varianten: Querverbindungen und Abkürzungen auf bezeichneten Wegen. Die auf Karten eingezeichnete Verbindung von Bognanco Fonti über Salera nach Pioi ist wegen eines Erdrutsches erschwert und länger.

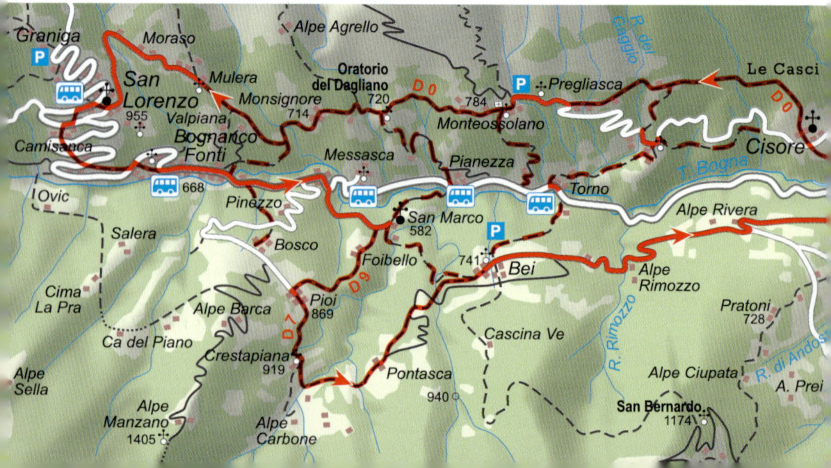

Vom **Bahnhof Domodossola** (270 m) geht es auf der Route von Tour 11 nach Westen zur Piazza Tibaldi in der Altstadt. Hier beginnt die Fahrstraße nach Bognanco, die recht stark befahren wird und wenig Interessantes bietet. Es empfiehlt sich, über den Marktplatz und die alte Geschäftsstraße Via Briona zur Piazza Cavour und noch weitere 200 m zu gehen. Dort beginnt die Via Scapaccino, die an ihrem Ende in einen Fußweg durch Schrebergärten übergeht. Dieser folgt einem Bächlein, wendet sich dann nach rechts und erreicht den Damm, der im 18. Jahrhundert gegen die verheerenden Überschwemmungen des Talflusses Bogna errichtet wurde. Über eine Treppe erklimmt man die mehrere Meter hohe Mauer und gelangt auf ihrer Krone zur Brücke vor **Mocogna** (327 m). Nach einigen Metern erreicht man das Dorf und biegt nach

Dorfplatz von San Marco.

der Kapelle nach links in die Mulattiera ein. Der Stockalperweg D 0 bringt uns durch Rebberge nach Cisore und dann steil zur Höhe von Le Casci (ca. 640 m) hinauf. In mäßiger Steigung durch den Wald erreichen wir das Tobel des Rio del Gaggio, wo wir auf gesichertem Weg den Felsen entlang rechts

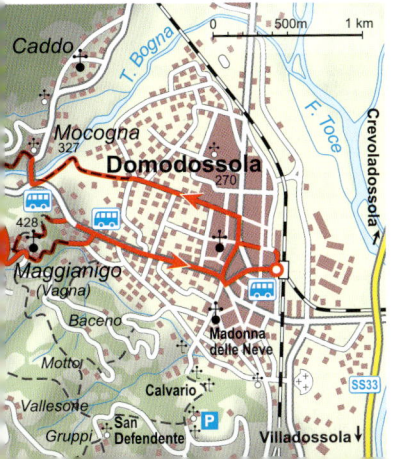

ausholen und bald über Pregliasca nach **Monteossolano** (784 m) gelangen. Von der Dorfkirche führt ein aussichtsreicher Höhenweg zum Oratorio del Dagliano (720 m), einer kleinen Kirche mit Rastplatz über der tief eingeschnittenen Schlucht. Wir steigen zum Rio Dagliano ab, überschreiten ihn auf einer romantischen Brücke und überwinden den Wiederaufstieg auf kunstvoll angelegtem Weg. Bald erreichen wir ein verlassenes Dorf mit dem würdevollen Namen **Monsignore** (714 m), das auf einigen Karten auch Cà Buonsignore heißt.

Die Kirche von Monteossolano.

Im folgenden Abstieg verlassen wir nach dem Bach beim Wegweiser den Stockalperweg und steigen über Valpiana zur Kirche von San Giuseppe bei Mulera auf. Von dort führt eine Straße nach **San Lorenzo** (955 m). Den Dorfplatz mit der sehenswerten Pfarrkirche erreichen wir über einen Plattenweg.

Im Abstieg vom Dorfplatz folgt man der Fahrstraße ein kurzes Stück nach Westen, biegt dann in eine Gasse ein, quert beim Friedhof die Straße und erreicht den Dorfteil Camisanca. Mit schönen Ausblicken steigt man auf der Mulattiera weiter ab und kommt nach viermaligem Queren der Fahrstraße bei deren Kurve in der Dorfmitte von **Bognanco Fonti** (668 m) an. Es lohnt sich hier noch zu den Kuranlagen abzusteigen. Nun folgt man einen guten Kilometer weit der Straße talwärts und biegt in der Kurve oberhalb von Messasca in das Sträßchen nach **San Marco** (582 m) ein. Die im Wald versteckte kleine Ortschaft mit dem stattlichen Kirchturm war einst Hauptort der Gemeinde Bognanco Fuori und beherbergt heute eine sozialtherapeutische Station. Hier beginnt der Fußweg D 9, der durch den Wald nach Pioi (869 m) hinaufführt. Bald erreichen wir auf der Route D 7 die Häuser von **Crestapiana** (919 m) mit der Wegkapelle zu Ehren der Madonna von Re. Nun verlieren wir leicht an Höhe, überschreiten zwei Bäche und gelangen über die Alpen Pontasca und Baulina zum schön gelegenen Weiler **Bei** (741 m). Hier wohnen im Sommerzeit noch wenige Menschen, an Wochenenden herrscht aber reges Leben. Bei der St.-Anna-Kapelle beginnt eine Naturstraße, die uns auf die Lusentino-Fahrstraße und nach **Vagna**/Maggianigo (428 m) bringt. Südlich der Kirche beginnt der Weg, der auf der Route von Tour 12 zum Bahnhof **Domodossola** führt.

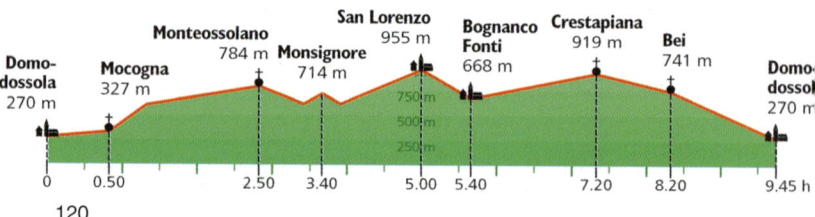

Großer Rundweg durch das Alto Bognanco

Hinter dem engen Talausgang wird das Bognancotal weiter und steigt im oberen Teil, dem Alto Bognanco, zu einem Kranz von gegen 2500 m hohen Grenzbergen an. Dieser wird im Nordwesten durch den ins Walliser Zwischenbergental führende Monscerapass durchbrochen, der während Jahrhunderten eine Ausweich- und Konkurrenzroute des Simplonweges durch das Divedrotal war. Unsere an mehreren kleinen Seen vorbeiführende Wanderung durchquert nach dem ersten Anstieg die liebliche Alpmulde von Monscera und geht dann in alpines Gelände über. Die recht lange Strecke kann dank empfehlenswerten Unterkünften und guten Querverbindungen nach Belieben unterteilt und abgekürzt werden.

Ausgangspunkt: San Lorenzo (955 m), Endstation der Buslinie Domodossola – Bognanco, Fahrstraße bis San Bernardo (Parkplatz).
Höhenunterschied: 1480 m.
Anforderungen: Markierte Alpwege und Natursträßchen; Übergang Passo di Oriaccia rau und steil, ohne gute Orientierungsmöglichkeit; bei schlechter Sicht oder Schnee nicht zu empfehlen.
Einkehr und Unterkunft: Restaurants und Hotels in San Lorenzo und Bognanco Fonti, siehe Tour 22. Rifugio Gattascosa, Juni bis September täglich offen, übrige Zeit an Wochenenden, Tel. 328 315 1669 oder 0041 76 2295272, www.rifugiogattascosa.it. Rifugio Alpe Laghetto CAI, Mitte Juni bis Mitte September an Wochenenden, im August täglich geöffnet, Winterraum, Tel. 347 0320298 oder 0331 769860, www.caiarsago.org, siehe auch Tour 24.

Karten: 285 T Domodossola/275 T Valle Antigorio/284 T Mischabel 1:50.000, Wanderkarte Valle Bognanco 1:25.000 in Vorbereitung.
Varianten: Vom Monscerapass zum Camoscellahorn/Pizzo Pioltone (2612 m), oberster Teil T3, 2 Std.
Vom Rifugio Gattascosa schöner Abstieg auf der GTA nach San Bernardo, 1 ½ Std.
Vom Lago di Oriaccia Abstieg D 14 nach Alpe del Dente und in leichtem Gefälle nach San Bernardo, 2 Std. (Weg nicht auf allen Karten.)
Vom Lago Oriacca direkter Abstieg nach Gomba steil und rau, 2 Std.
Der auf Karten eingezeichnete direkte Weg Alpe di Oriaccia–Oriaccia ist nicht zu empfehlen.
Kurz vor der Abzweigung Gomba Abstieg D 18 über Pizzanco–San Martino nach Bognanco Fonti, 1 ½ Std.

Vom Hauptplatz in **San Lorenzo** mit der sehenswerten Pfarrkirche führt der Stockalperweg D 0 auf Teilstrecken der alten Mulattiera nach dem Dorfteil Graniga (1118 m). Nach ca. 400 m auf der Fahrstraße nach San Bernardo leitet uns ein Wegweiser in den Hang hinein und nach **Gomba** (1243 m) hinauf. Hier ist in den letzten Jahren das Camping Village Yolki Palki mit Restaurant, Wellnesszone und Spielplätzen entstanden. Nordwestlich des Restaurants steigen wir weiter an und erreichen über Gallinera die aussichtsreiche Kapelle **San Bernardo** (1630 m) mit schönen Rastplätzen. Einer Naturstraße folgend, verlieren wir vorerst bis zur Brücke über den Rio Rasiga leicht an Höhe und gelangen dann zur **Alpe Arza** (1754 m), wo seit kurzer Zeit ein komfortables Rifugio steht (siehe Tour 24). Auf etwa 1800 m Höhe erreichen wir den alten Passweg (Route D 8), verlassen ihn aber in Kürze wieder und steigen durch Wiesen und Wald zum stimmungsvollen Lago di Agro (2041 m) auf. Leicht an Höhe verlierend, biegen wir wieder in den Passweg ein und kommen zum **Passo di Monscera** (2103 m)

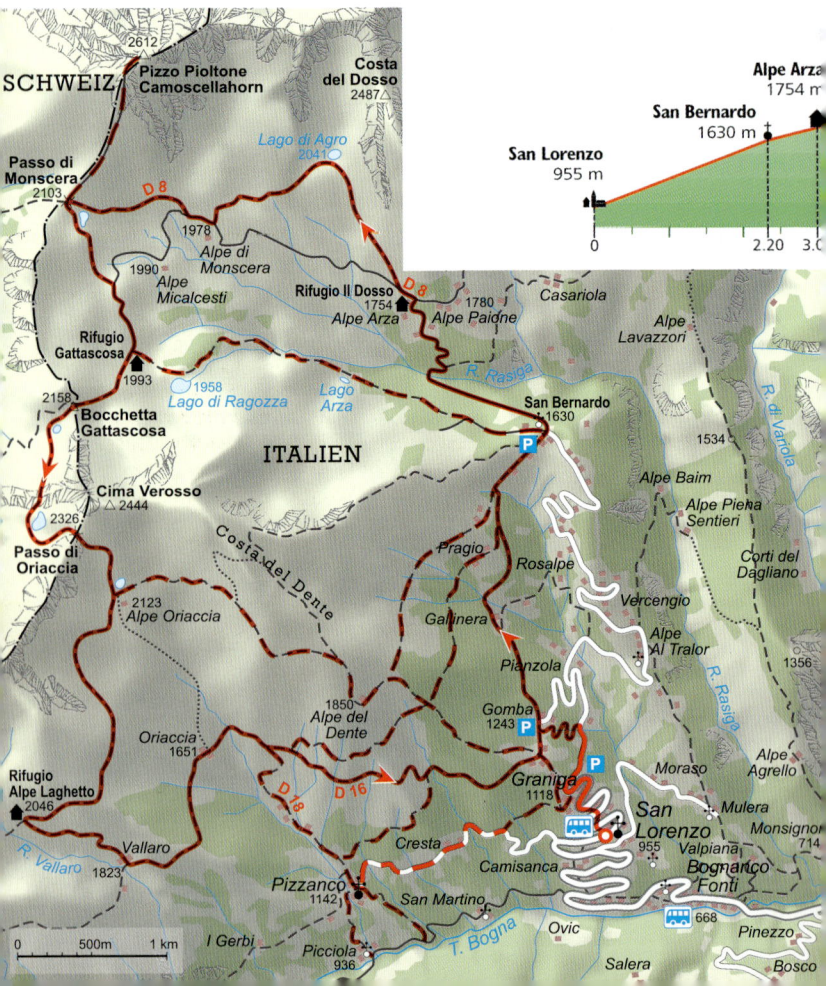

an der Grenze zur Schweiz, Der Ausblick zum tief gelegenen Zwischbergental (italienisch Val Vaira) und auf die Viertausender der Weissmiesgruppe ist beeindruckend. Wir bleiben auf italienischem Boden, nehmen den Weg rechts des Pass-Seeleins und erreichen bald das gastliche **Rifugio Gattascosa** (1993 m). Nun folgt das anspruchsvollste Wegstück unserer Tour. Wir steigen steil zur **Bocchetta Gattascosa** (2158 m) auf, wechseln auf schweizerisches Gebiet

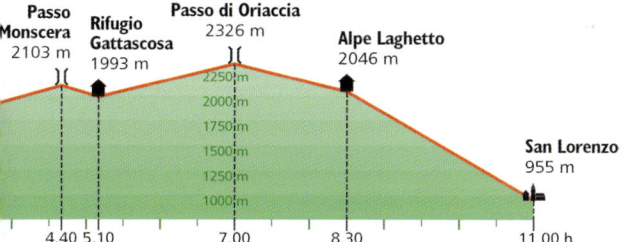

Passo Monscera 2103 m

Rifugio Gattascosa 1993 m

Passo di Oriaccia 2326 m

Alpe Laghetto 2046 m

San Lorenzo 955 m

2250 m
2000 m
1750 m
1500 m
1250 m
1000 m

4.40 5.10   7.00   8.30   11.00 h

hinüber und queren nach einem Seelein leicht ansteigend die steile Westflanke der Cima Verosso (2444 m). Dann passieren wir bergwärts einen größeren See und steigen durch Geröll steil zum **Passo di Oriaccia** (2326 m) auf. Der Übergang liegt ca. 500 m nördlich des auf der Schweizer Landeskarte eingezeichneten Passes. Der Abstieg zur **Alpe Oriaccia** (2123 m) mit dem kleinen See über ziemlich steile Grashalden ist etwas mühsam und teilweise pfadlos. Der Weg senkt sich nun etwas nach Süden, steigt dann wieder an und erreicht über einen Bergkamm das **Rifugio Alpe Laghetto CAI** (2046 m). Hier steigen wir nach Vallaro ab, nehmen nach Oriaccia die Abzweigung D 16 und gelangen über Gomba zum Ausgangspunkt **San Lorenzo.**

Die Hochebene von Monscrera, im Hintergrund die Weissmies-Gruppe.

Ein Weg mit vielfältigen Natureindrücken und Rundblicken

Nördlich von San Lorenzo bilden der Dosso (2562 m) und der Pizzo Giezza (2658 m) die Grenze zum Divedrotal. Die Mulde zwischen diesen Bergen erscheint von Weitem als eine uniforme Fels- und Grashalde. In Wirklichkeit sind es drei von den Gletschern geformte riesige Treppenstufen mit je einem See in anmutiger Umgebung. Unser Rundweg quert nach dem untersten See den Hang und kehrt nach einem schön gelegenen Aussichtsplatz auf der Abstiegsroute des nur noch wenig begangenen Passo di Variola zum Ausgangspunkt zurück.

Ausgangspunkt: San Lorenzo (955 m), Endstation der Buslinie Domodossola–Bognanco, Fahrstraße bis San Bernardo (Parkplatz).
Höhenunterschied: 1200 m.
Anforderungen: Markierte Bergwege von unterschiedlicher Qualität. Abstieg nach Alpe Dorca kein offizieller Wanderweg, aber unproblematisch.
Einkehr und Unterkunft: Neues Rifugio »Il Dosso« auf Alpe Arza, Zimmer mit Komfort, täglich geöffnet von Mitte Juni bis Mitte September, übrige Zeit am Wochenende, Tel 0041 79 8620936, 347 7093295 oder 335 6431417, www.rifugioildosso.it. Im Juli/

August Restaurant bei San Bernardo.
Karten: 285 T Domodossola, 275 T Valle Antigorio, beide 1:50.000, Wanderkarte Valle Bognanco 1:25.000 (in Vorbereitung).
Varianten: Bezeichnete Aufstiege zu den oberen Seen: Lago di Mezzo (2147 m), 30 Min., Lago Superiore (2269 m), 1 Std. Fortsetzung des markierten Höhenweges zu den drei Laghi di Variola (2117–2190 m), wenig begangen und Wegspur nicht immer erkennbar, zusätzlich gut 2 Std. Obwohl Teil der GTA, ist der Übergang des Passo di Variola (2258 m) nach Varzo kaum zu empfehlen (steil, wenig begangen).
Kartenausschnitt: Siehe auch Tour 23.

Wir folgen der Aufstiegsroute der Tour 23 über **San Bernardo** bis zum einladenden neuen Rifugio »Il Dosso« auf der **Alpe Arza** (1754 m). Gut 50 Höhenmeter weiter oben nehmen wir das Alpsträßchen nach rechts und erreichen die **Alpe Paione** (1780 m) mit umgebauten Rustici. Hier beginnt der gute Bergweg, der uns durch lichten Lärchenwald und kleine Feuchtgebiete zum **Lago Inferiore di**

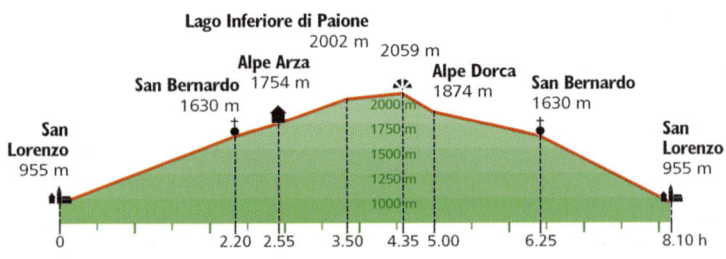

Paione (2002 m) führt. Die Überraschung ist groß, unvermutet an einem anmutigen Bergsee zu stehen, in dem sich grüne Wiesen spiegeln. Nach einem kurzen Abstieg beginnt die Querung des Hanges unter dem Pizzo Giezza, wo die Erkennung der Wegspur im Gras Aufmerksamkeit erfordert. Vorerst verlieren wir etwa 60 Höhenmeter, steigen dann wieder an und biegen um einen felsigen Grat. Im weiteren Aufstieg erleben

Der untere See von Paione.

wir den bedrückenden Anblick verkohlter Baumstrünke, die ein Waldbrand zurückgelassen hat. Bald ist die kleine Anhöhe bei P. 2059 in Sicht, wo sich uns ein großartiger Rundblick bietet. Im Westen baut sich das Walliser Dreigestirn Weissmies–Lagginhorn–Fletschhorn vor unseren Augen auf, weiter südlich grüßen die vier Spitzen des Monte Rosa, und im Westen erkennen wir die Berge des Val Grande. Während der markierte Wanderweg in Richtung Laghi di Variola in einem Linksbogen weiter ansteigt, wählen wir den mit einem Wegweiser angezeigten und auf der Karte T 275 eingetragenen Abstieg (nicht mit offiziellen Wanderwegmarkierungen versehen, dank Steinmännchen und orangefarbigen Hilfsmarkierungen bestehen bei guter Sicht keine Orientierungsschwierigkeiten). Wir gehen vorerst in östlicher Richtung in den Hang hinein, steuern dann einen mit Bäumen bewachsenen Boden an und steigen östlich von diesem ab. Bald stoßen wir auf deutliche Wege und erreichen den Passweg etwas westlich der im Sommer bewirtschafteten **Alpe Dorca** (1874 m). Wir folgen diesem im lichten Wald, kommen zur zerfallenen **Alpe Casariola** (1689 m) und überqueren den Abfluss der Seen. Im dichten Tannenwald gelangen wir in leichtem Auf und Ab zur untersten Straßenkurve vor der Brücke über den Rio Rasigo. Von hier steigen wir nach **San Bernardo** (1630 m) an und erreichen auf dem Aufstiegsweg der Tour 23 den Ausgangspunkt **San Lorenzo**.

Weitblick in alle Richtungen

Der Pizzo Castello ist der östliche Endpunkt der Bergkette zwischen Anzasca- und Antronatal. Wegen seiner vorgelagerten Position bietet er einen großartigen Rundblick. Wir wählen die sanftere Aufstiegsroute von Norden und steigen nach einer angenehmen Höhenwanderung über das schön gelegene Maiensäß von Drocala ins Anzascatal ab.

Ausgangspunkt: Villadossola (252 m), Haltestelle mehrerer Buslinien ab Domodossola, Bahnstation der Linie Domodossola–Novara.

Endpunkt: Piedimulera (248 m), Haltestelle mehrerer Buslinien ab Domodossola, Bahnstation an der Linie Domodossola–Novara.

Höhenunterschied: 1360 m.

Anforderungen: Recht anstrengende, aber lohnende Bergtour auf gut bezeichneten Wegen.

Einkehr und Unterkunft: Rifugio Alpe Colma (1572 m), 15 Min. vom Abstiegspunkt Erbalunga entfernt; siehe Tour 28.

Rifugio San Giacomo geschlossen, Schlüssel beim CAI Villadossola.

Karten: 285 T Domodossola 1:50.000, Wanderkarte Strà Granda/Valle Anzasca 1:25.000.

Varianten: Aufstieg von Piedimulera oder Bushaltestelle Gozzi auf der Strà Granda (Tour 31) bis zum Ortsteil Madonna (Kirche Madonna delle Grazie), dort Wegweiser A 51 Richtung Norden über Crosa und Alpe Propiana zum Gipfel, ab Piedimulera 4¼ Std., teilweise rau und steil, im Sommer heiß. Von Drocala auf Route B 4 Direktabstieg durch den Wald zur Bushaltestelle Castiglione (519 m), 50 Min.

Von einer der Bushaltestellen oder von der Bahnstation gehen wir zur Piazza Bagnolini an der Straßenkreuzung im Zentrum von **Villadossola**. Südlich des Platzes steht die Kapelle der »Pestheiligen« Sebastiano und Rocco, wo unsere Route beginnt. Wir biegen in die Via San Maurizio ein, folgen der langen Treppe, die unter der Kirche durchführt und gelangen bald auf eine gut erhaltene Mulattiera. Dann passieren wir die Dorfteile Piaggio Sopra und Gaggitti und erreichen durch Kastanien- und Buchenwald über die Alpen **Corticcio** und Baldana das

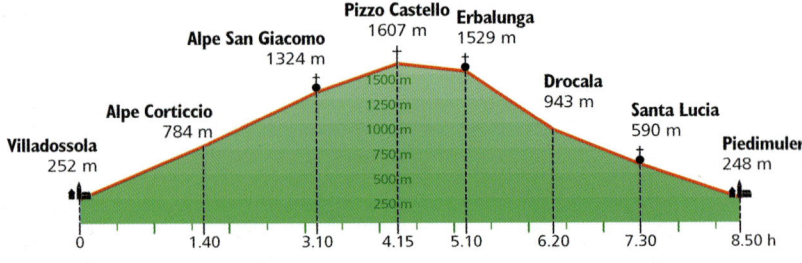

Oratorio **San Giacomo** (1324 m) auf der gleichnamigen Alp. Von hier führt der Weg unter dem **Pizzo Castello** zum Rücken zwischen den beiden Tälern und von dort in einer Viertelstunde in östlicher Richtung auf den Gipfel (1607 m). In angenehmer Höhenwanderung (Bild Tour 28) gelangen wir am zeitweise ausgetrockneten Laghetto della Colma vorbei zur Kapelle von **Erbalunga** (1529 m). Von dort steigt der Weg in Serpentinen ab und an einer Wasserfassung vorbei nach **Drocala** (943 m). Die Siedlung liegt auf einer besonnten Kuppe, und in den Sommermonaten herrscht hier reges Leben. Dort wendet sich unser Weg nach Norden und erreicht in sanftem Gefälle die Fahrstraße oberhalb von Cresta. Dieser folgen wir bis zur Kirche von **Selvavecchia**, queren das Dorf auf einem Fußweg und kommen in einer Kurve wieder auf die Straße zurück. Nach wenigen Metern verlassen wir diese wieder, steigen leicht an und erreichen bei Borca die »Strà Granda«. Die Route der Tour 31 führt uns zur Kapelle **Santa Lucia** hinauf und weiter zum Endpunkt **Piedimulera** (248 m).

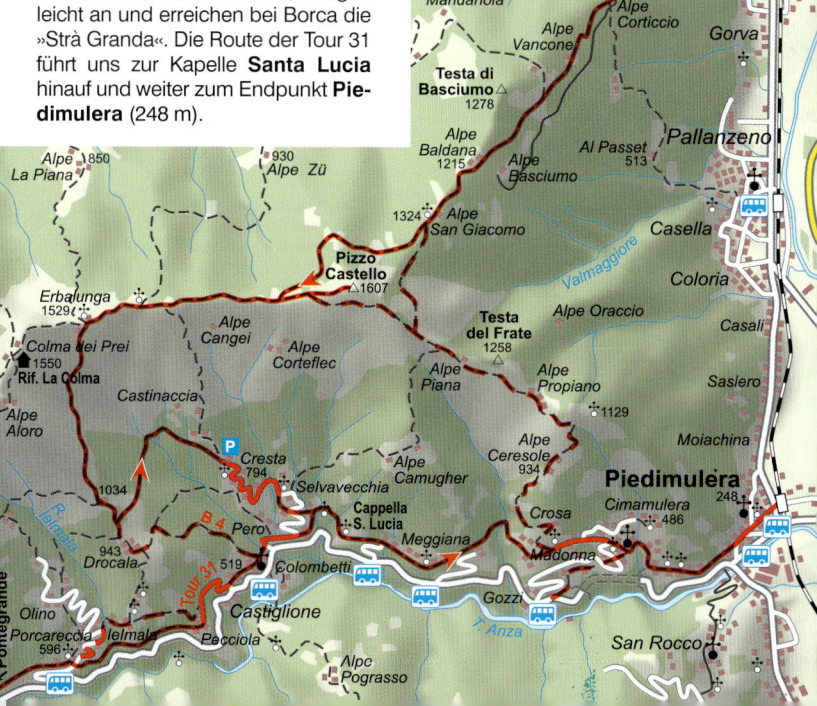

Eindrückliche Ortsbilder und Erinnerungen an einst

»Casa Vanini« in Viganella.

Der im Tal verlaufende Streckenteil des Passweges, auf dem die Walliser ihr Vieh auf die oberitalienischen Märkte trieben und im Gegenzug Wein und Salz nach Hause brachten, war bis 1833 auch der Weg der Talbewohner nach Villadossola. Der heutige Wanderweg folgt über weite Strecken der ehemaligen Route, verläuft aber zeitweise auch auf der Fahrstraße. Seine Begehung über Steintreppen und Feldwege sowie durch enge Dorfgassen ist eine Begegnung mit der Geschichte und Kultur des Tales. Auf dem Weg zum Beginn des eigentlichen Passanstiegs erleben wir auch den Übergang von der eher lieblichen unteren zur raueren und weniger besiedelten oberen Talhälfte.

Ausgangspunkt: Villadossola (252 m), Station der Bahnlinie Domodossola–Novara, Haltestelle mehrerer Buslinien ab Domodossola.
Endpunkt: Antronapiana (908 m). Endstation Buslinie Domodossola–Antrona.
Höhenunterschied: Aufstieg 650 m.
Anforderungen: Gut markierter Weg C0, streckenweise auf befahrener Straße.

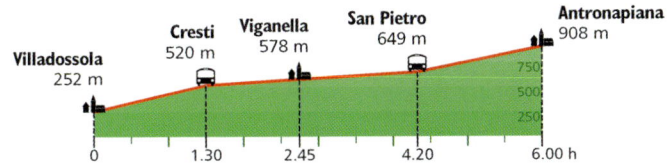

Villadossola 252 m — Cresti 520 m — Viganella 578 m — San Pietro 649 m — Antronapiana 908 m

0 — 1.30 — 2.45 — 4.20 — 6.00 h

Einkehr und Unterkunft: Casa Vanni in Viganella (Restaurant u. B+B), zurzeit geschlossen, Info www.casavanniviganella. it. oder www.commune.viganella.vb.it. Ristorante Pizzeria Chalet in Antronapiana, Tel. 0324 51091. Agriturismo Alberobello in Viganella, Tel. 0324 56079, alberobello@agriturismo.com. Siehe auch Tour 46.
Karten: 285 T Domodossola/284 T Mischabel 1:50.000, Carta Escursionistica Valle Antrona 1:25.000.
Varianten: Vor Boschetto Aufstieg nach Casa dei Conti, über die Via Vinacce wieder auf den Originalweg.
Lohnenswerte Kombination von Kirche Seppiana nach Zonca (750 m) und über Barboniga zurück nach Cresti, 2 Std.
Von Rivera nach Bordo (719 m) und Cheggio (758 m), Abstieg auf Fußweg zur Straße (direkter Weg nach Ruginenta in schlechtem Zustand).
Der Antronapass ist Teil des Simplon-Fletschhorn-Trekkings, siehe Weitwanderwege.
Kartenausschnitt: Streckenverlauf Villadossola–Viganella siehe Karte Tour 27.

Vom Zentrum von **Villadossola** (252 m) gelangt man über die Brücke zur Piazza IV Novembre mit einem Situationsplan, steigt einige Meter die Via Crotto hinauf und biegt dann links in ein Gässchen ein. Der gut bezeichnete Steinplattenweg gewinnt rasch an Höhe, wendet sich dann nach Süden, führt an der großen Kirche der Noga vorbei und erreicht nach den letzten Häusern die Talstraße. Auf dieser bleiben wir bis Boschetto, wo wir wieder in den alten Weg einmünden, kurz in eine Schlucht absteigen und dann zur Bushaltestelle von **Cresti** (520 m) gelangen. Der Weg steigt durch das Dorf an, überquert eine Straße und erreicht eine aussichtsreiche Kapelle. An der imposanten Pfarrkirche Sant' Ambrogio vorbei gelangen wir nach Seppiana und weiter auf Nebenwegen und der Talstraße nach **Viganella** (578 m). Neben dem restaurierten Patrizierpalast »Casa Vanni« sind hier auch andere

Dorfpartien sehenswert. Nach der Kirche gehen wir ein kurzes Stück auf der Talstraße weiter, benützen dann einen Parallelweg und bleiben nach Rivera auf der linken Talseite. Nach dem nur noch von wenigen Menschen bewohnten Dorf Ruginenta kommen wir über eine Brücke nach Prato und kurz darauf nach **San Pietro** (649 m) mit interessanter Kirche und Kreuzwegkapellen. Bis Locasca wandern wir auf Nebenwegen in der Nähe der Straße, verlassen dann den Talboden und erreichen **Antronapiana** (908 m) über eine Anhöhe von Süden her. Kurz vor der Brücke zum Dorf markiert ein Halbkreis von imposanten Kreuzwegkapellen den Platz der durch den Bergsturz von 1642 verschütteten Pfarrkirche.

Auf den Spuren einer großen Prozession

In Montescheno findet am dritten Sonntag im Juli die bekannteste »Autani« des Tales statt, an der jedes Jahr rund 200 Personen teilnehmen. Diese Bittprozession beginnt morgens um 4.30 Uhr, überwindet 1300 m Höhendifferenz und endet um 21 Uhr mit einer Messe in der Kirche Montescheno. Unsere Wanderung folgt im Aufstieg dem Weg der »Autani« und berührt im Abstieg die Häusergruppen der Alpi Sogno, die tatsächlich zum Träumen verleiten können (sogno = Traum).

Ausgangspunkt: Montescheno, Ortsteil Cresti (520 m), Bushaltestelle der Linie Domodossola – Antronapiana.
Höhenunterschied: 1100 m.
Anforderungen: Markierte, teils steile Alpwege, im unteren Abstieg Naturstraße.
Einkehr und Unterkunft: Bed and Breakfast »Villa Alba« in Montescheno, Tel. 0324 56121 oder 349 2562891, www.bedandbreakfastvillaalba.it. Bars und Negozi in Cresti und Montescheno.
Karten: 285 T Domodossola 1:50.000; Carta Escursionistica Valle Antrona 1:25.000.
Varianten: Vom Wegweiser unterhalb von Vaccareccia geradeaus auf dem alten Weg nach Alpi di Sogno, 40 Min., kaum mehr begangen im steilen Gelände (orange Punkte, T3).
Ab Colle del Pianino zum Moncucco (1902 m), 1 Std., und Abstieg nach Domodossola über Lusentino (ev. Taxi), siehe Tour 12.
Der auf den Karten angegebene Abstieg vom Colle del Pianino nach Bognanco ist stark verwachsen und nicht zu empfehlen (Varianten siehe Tour 46). Ebenso wird vom steilen Schluchtweg zwischen Varchignoli und Vallemiola abgeraten.

Von der Haltestelle **Cresti** auf schöner Mulattiera (Route C4) zur Kirche **Montescheno** (710 m), weiter am Dorfrand aufwärts und über die alte Brücke zum Maiensäß **Vallemiola** (725 m). Bei der Kapelle nach Westen zu der auf einem Bergrücken liegenden Siedlung **Aulamia** (1070 m) aufsteigen. Vorerst im Wald leicht

Die Sommersiedlung Aulamia.

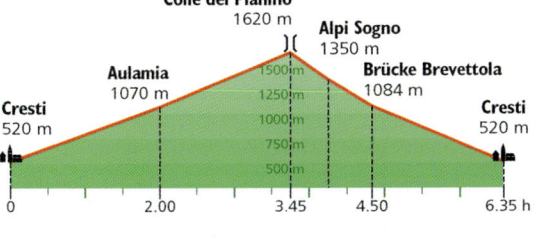

steigend, wird der Weg nach dem Wegweiser steiler, wendet sich nach rechts und führt oberhalb der Ruinen der Alpe Vacareggia durch. Ohne die Häuser der Alpe Barzasca zu berühren, erreicht man den einst viel begangenen Übergang des **Colle del Pianino** (1620 m) mit seiner Passkapelle. Der Abstieg auf der Route C6 führt vorerst in das Tobel unterhalb der Kapelle, wendet sich dann mehr nach rechts und überquert zwei Bachbette. Bald trifft man auf die Kapelle von Scima Prer und die Häusergruppen der **Alpi Sogno** (1350 m), die seit einigen Jahren auf einer Privatstraße erreichbar sind. In den Sommermonaten sind manche Häuser bewohnt, und mit etwas Glück wird man vielleicht zu einem Kaffeeschwatz eingeladen. Der weitere Abstieg erfolgt auf der meist schattigen Naturstraße. Es lohnt sich, den alten Weg über die Steinbrücke im Tobel der Brevettola zu benützen. Die zwei Abzweigungen von der Straße sind zwar markiert, können aber leicht übersehen werden. Nach den Kurven bei **Alpe Arbiasco** (ca. 900 m) verlässt der Wanderweg die Straße nach links und erreicht bald die Aufstiegsroute.

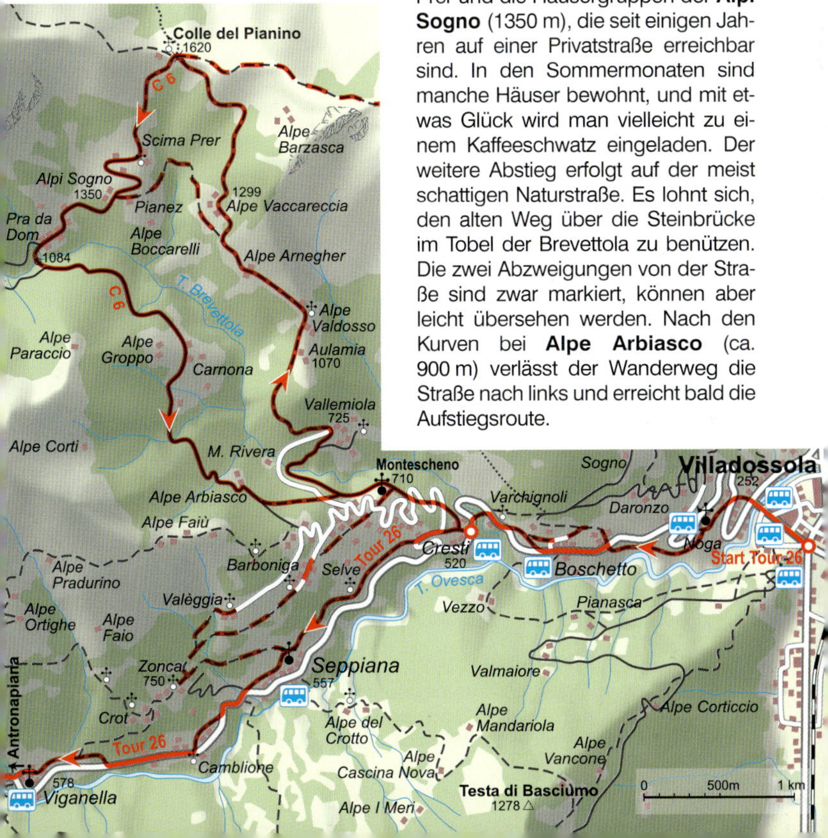

Aussichtsplatz zwischen Anzasca- und Antronatal

Der Laghetto di Colma mit der Häusergruppe des Rifugio im Hintergrund.

Die Colma ist ein sanft gewellter Bergrücken auf halbem Weg zwischen Pizzo Castello und Croce di Cavallo. Um das vor einigen Jahren auf den Grundmauern eines Stalles erbaute Rifugio gruppieren sich mehrere kleine Alpen. Während Jahrhunderten stritten sich Anzaschesen und Antronesen um die Weiderechte auf der Colma. Ihre Nachfahren treffen sich jährlich an einem Sonntag im Juli bei der Kapelle zum Guten Hirten von Erbalunga zum gemeinsamen Alpgottesdienst. Sie gedenken dabei auch der hier gefallenen Partisanen und des von den Faschisten ermordeten Pfarrers Don Giuseppe Rossi von Castiglione. Das Rifugio ist auf verschiedenen Routen erreichbar. Auch die Grande Traversata delle Alpi (GTA) und der Sentiero Italia kommen hier vorbei. Wir wählen den schattigen Aufstieg vom Antronatal her.

Ausgangspunkt: Haltestelle Ruginenta (590 m) der Buslinie Domodossola–Antronapiana.
Endpunkt: Haltestelle Porcareccia (501 m) der Buslinie Domodossola–Macugnaga.
Höhenunterschied: Aufstieg 960 m, Abstieg 1050 m.
Anforderungen: Bezeichnete, zum Teil raue Bergwege.
Einkehr und Unterkunft: Rifugio Alpe Colma, Tel. 339 7511653 oder 347 902 0098. Im Anzascatal siehe Tour 31.

Karten: 285 T Domodossola 1:50.000, Carta Escursionistica Strà Granda/Valle Anzasca 1:25.000.
Varianten: Bezeichneter Aufstieg ab Viganella über Alpe La Piana (850 m), auch auf Alpsträßchen erreichbar, zum Bergrücken bei Erbalunga, 3 Std. Dort Verbindung zur Tour 25.
Abstieg von P. 1145 über die Alpen Giocola und Quaggiui nach Antrogna, gut unterhaltener und begangener, aber nicht markierter Weg, 2 Std. 20 Min.

Von der Haltestelle **Ruginenta** (590 m) geht man eine kurze Strecke auf der Straße in Richtung Viganella zurück und trifft im Ortsteil Mundà bei zwei Häusern auf den gut markierten Anfang des Alpwegs. Im dichten Kastanien- und Buchenwald steigen wir in der Nähe des Flüsschens Conca im Zickzack auf.

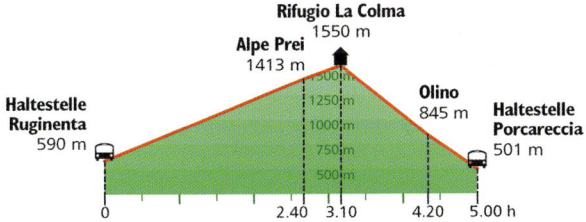

Rifugio La Colma
1550 m

Alpe Prei
1413 m

Olino
845 m

Haltestelle
Ruginenta
590 m

Haltestelle
Porcareccia
501 m

Bald wird die Sicht auf das Tal und die Walliser Berge frei, und wir erreichen die **Alpe Prei** (1413 m). Hierher führt eine Materialseilbahn, mehrere Häuser sind renoviert und am Wochenende bewohnt. Die Steigung wird nun sanfter, und durch Alpenrosen- und Heidelbeersträucher gelangen wir zum **Rifugio La Colma** (1550 m). Die Hütte bietet zwölf Schlafplätze und ist ab Mitte Juni bis Mitte September offen. Sie wird vom liebenswürdigen Paar Patrizia und Olindo aus Bologna betreut.

Nach kurzer Strecke auf dem Bergrücken leitet uns ein Wegweiser durch Farnsträucher in den sanften Abstieg zur Alpe Aloro, bevor sich die schöne Mulattiera steil zu der aus mehreren Häusergruppen bestehenden **Alpe Prer** senkt. Bald treffen wir auf eine Abzweigung nach links, von der ein neuer Weg direkt zur **Alpe Barca** (1045 m) hinabführt. Die alte Route erreicht diese in leichtem Gefälle ab P. 1145. Auf einem schönen Weg gelangen wir nun in der Falllinie zum Parkplatz von Colletta, wo wir den alten Weg einschlagen. Über das ursprünglich gebliebene Dorf **Olino** (845 m) erreichen wir **Porcareccia**, queren hier die Strà Granda und steigen auf der Straße zur Bushaltestelle (501 m) ab.

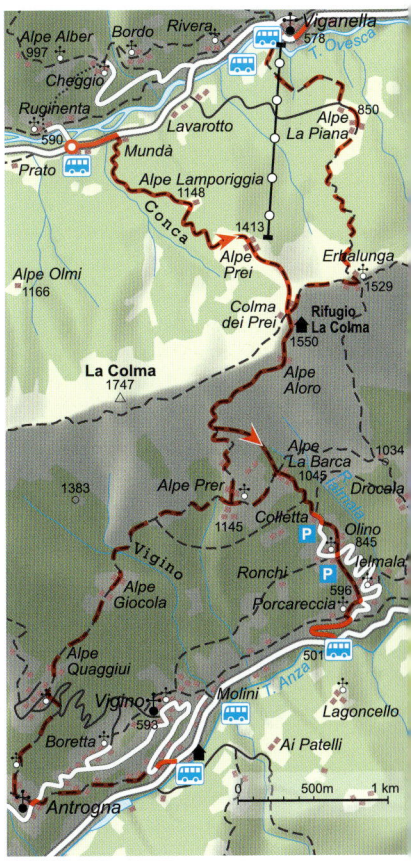

133

29 Seen-Rundweg im Antronatal

4.20 Std.

Naturkatastrophe und Stromerzeugung als Landschaftsgestalter

Am frühen Morgen des 27. Juli 1642 brach an den Cime di Pozzuoli nordwestlich von Antronapiana eine riesige Felsmasse ab und begrub das Dorf unter sich. Sie sperrte das Tal und ließ den Lago di Antrona entstehen. Der 300 m höher liegende Lago di Camplicciòli hingegen ist ein Produkt der Technik. Unser Rundweg führt durch diese eindrucksvolle Gebirgslandschaft.

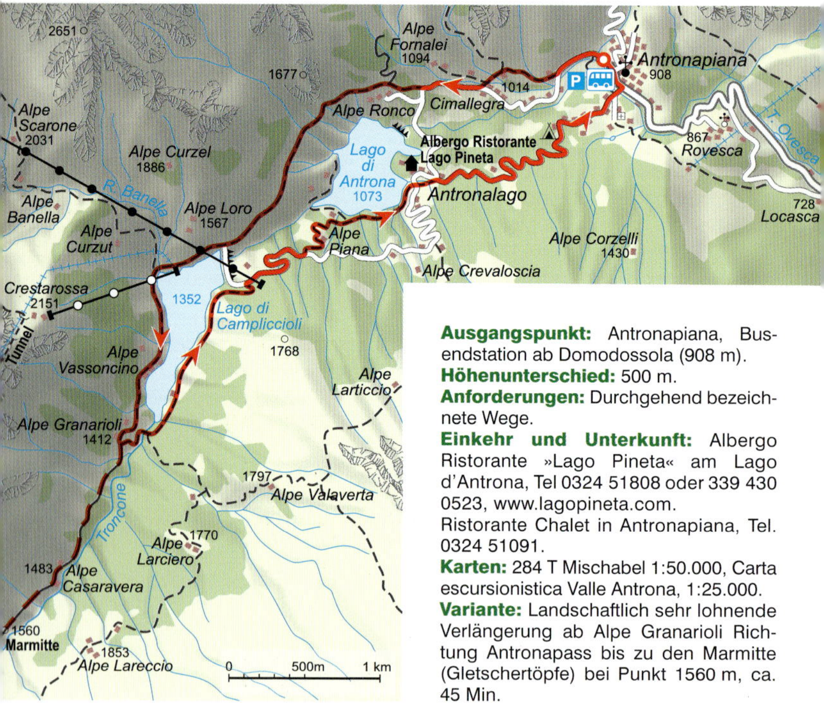

Ausgangspunkt: Antronapiana, Busendstation ab Domodossola (908 m).

Höhenunterschied: 500 m.

Anforderungen: Durchgehend bezeichnete Wege.

Einkehr und Unterkunft: Albergo Ristorante »Lago Pineta« am Lago d'Antrona, Tel 0324 51808 oder 339 430 0523, www.lagopineta.com. Ristorante Chalet in Antronapiana, Tel. 0324 51091.

Karten: 284 T Mischabel 1:50.000, Carta escursionistica Valle Antrona, 1:25.000.

Variante: Landschaftlich sehr lohnende Verlängerung ab Alpe Granarioli Richtung Antronapass bis zu den Marmitte (Gletschertöpfe) bei Punkt 1560 m, ca. 45 Min.

Von **Antronapiana** folgen wir der Fahrstraße zum Lago di Antrona und benutzen eine Strecke weit den kürzeren alten Weg. Bei der Linkskurve der Straße schlagen wir die schön angelegte, aber eher raue Mulattiera zum

Lago di Campliccioli und Lago d'Antrona, im Talgrund Antronapiana.

Staudamm des **Lago di Campliccioli** (1352 m) ein. Hier gehen wir weiter auf der Strada Antronesca bis zur **Alpe Granarioli** (1412 m), überqueren den Fluss Troncone und gelangen durch einen kurzen Tunnel zur Endstation einer ehemaligen Werkbahn. Über den Damm dieser Bahn und durch weitere kurze Tunnels sowie eine aufgehängte Brücke erreichen wir die Straße bei der Seilbahnstation der Kraftwerke unterhalb des Staudamms. Nach einem kurzen Straßenstück zweigt der alte Weg nach links ab und führt nach **Antronalago** (1073 m). Für den weiteren Abstieg wählen wir das schattige und kaum befahrene nach Osten verlaufende Sträßchen. Kurz vor **Antronapiana** steht ein imposanter Ring von Kreuzwegkapellen, der den Platz der vom Bergsturz zerstörten Pfarrkirche markiert.

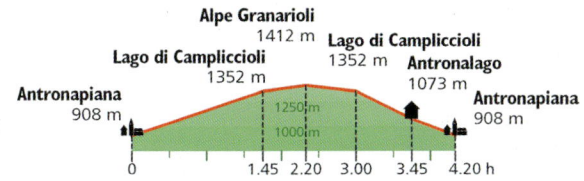

Wenig bekannter Aufstieg zum Lago dei Cavalli

Unser Ziel ist der größte Stausee des Antronatals, der seit 1926 die Alpe Cavalli und einen kleineren natürlichen See zudeckt. Die ehemalige Werkstraße ist zu einer offiziellen Verbindung geworden und hat die Entstehung eines bescheidenen Ausflugs- und Ferienplatzes auf der nahe gelegenen Alpe Cheggio ermöglicht. Der etwas mühsame Aufstieg führt zu Beginn durch das Bergsturzgebiet, später bietet der Weg eindrückliche Rundblicke.

Ausgangspunkt: Antronapiana, Busendstation ab Domodossola (908 m).
Höhenunterschied: 1010 m.
Anforderungen: Gut bezeichnete, im Aufstieg teilweise steile und raue Wege. Im Frühsommer noch lange Schnee oberhalb der Alpe Curtvello.
Einkehr und Unterkunft: Albergo Ristorante Alpino Cheggio, Tel. 0324 575 975 oder 338 2785327, www.valleantrona.it. Rifugio Città di Novara Cheggio, Tel. 0324 575977 oder 0324 575960, www. estmonterosa.it.

Rifugio Andolla des CAI Villadossola, Tel. 0324 575980 oder 0324 54063, www. caivilladossola.it.
Siehe auch Touren 26 und 46
Karten: 284 T Mischabel 1:50.000, Carta escursionistica Valle Antrona 1:25.000.
Varianten: Ab Cheggio Aufstieg C 27/ SFT zum Rifugio Andolla, 2052 m (Tour 46), 2 ½ Std.
Aussichtsreicher See-Rundweg ab Cheggio durch Lärchenwälder und über Bisi (1626 m) und Teste Inferiore (1700 m), ausgesetzte Stellen, T3, 2 ½ Std.

Blick von Norden zum Lago dei Cavalli und zur Forcola.

![Blick von Norden zum Lago dei Cavalli und zur Forcola]

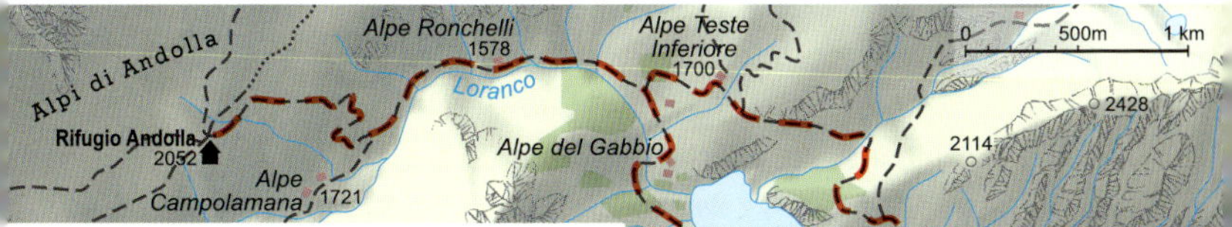

Von **Antronapiana** folgen wir dem Weg der Tour 29 bis zur Abzweigung C 32 bei Cimallegra und steigen durch steinübersäte Wiesen nach Norden an. Auf ca. 1170 m Höhe überqueren wir den von Nordosten kommenden Bach und folgen den Felsen entlang dem mehr westlich verlaufenden Flüsschen steil nach oben. Wo der Anstieg sanfter wird, sind rechts oben Jahrhunderte alte Tannen zu sehen. In regelmäßiger Steigung erreichen wir an zerfallenen Alphütten vorbei die gut sichtbare Senke der **La Forcola** (1914 m) In einer Viertelstunde kann der 70 m höhere Aussichtspunkt östlich davon erreicht werden. Nun senkt sich der Weg steil zur **Alpe Curtvello** (1756 m), tritt in den Wald und folgt kurz dem Bach. Auf ca. 1670 m wendet er sich nach Osten und führt mit Ausblicken auf den See zur Alpe Fraccia und weiter zum Staudamm und nach **Cheggio** (1487 m). Im Abstieg folgt unser Weg auf Abkürzungen der Fahrstraße bis Alpi di Campo und verlässt diese dann für einige Zeit. In **Antronapiana** lohnen sich der Gang durch den oberen Dorfteil und der Besuch der Pfarrkirche San Lorenzo.

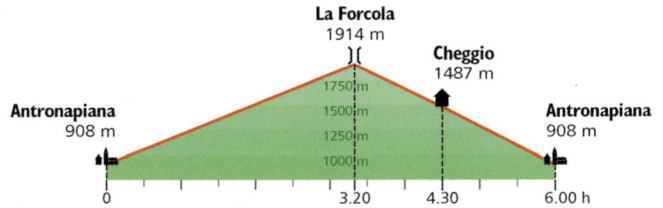

Der alte Talweg ins Anzascatal

Der aus dem 15. Jahrhundert stammende Talweg, von den Einheimischen heute noch im Dialekt »Strà Granda« (Großer Weg) genannt, ist im unteren Teil noch weitgehend erhalten und mit Wegweisern »Antica Mulattiera della Valle« versehen. Auf der angenehmen Wanderung am Sonnenhang des Tales erlebt man neben vielen schönen Ausblicken eine Fülle von Kleinoden ländlicher Kultur.

Ausgangspunkt: Bushalt Piedimulera (248 m), Haltestellen mehrerer Buslinien ab Domodossola, Station der Regionalzüge Domodossola–Novara.

Endpunkt: Pontegrande (526 m), Haltestelle der Buslinie Domodossola–Macugnaga.

Höhenunterschied: Aufstieg 550 m, Abstieg 270 m.

Anforderungen: Gut unterhaltene Wege mit mäßigen Steigungen.

Einkehr und Unterkunft: Locanda Pizzo Castello in Cimamulera, Tel. 0324 83269. Albergo del Tiglio in Gurva/Molini, Tel. 0324 81112, www.albergolocandadeltiglio.it. B+B Residenza dello Scoiattolo in Pontegrande, Tel. 0324 89698 oder 346 8104237, www.rescoiattolo.com.

Karten: 285 T Domodossola/284 T Mischabel 1:50.000. Carta Escursionistica Strà Granda/Anzasca 1:25.000.

Varianten: Ab Bushalt Gozzi kürzerer Aufstieg nach Cimamulera.

Vor Pecciola Abzweigung über das interessante und aussichtsreiche Dorf Ielmala (645 m), ½ Std. länger.

Von Molini über Vigino nach Antrogna. Der obere Teil der Strà Granda wurde zum großen Teil durch den Straßenbau zerstört. Der heutige Wanderweg benützt oft die Talstraße, der genaue Verlauf ist auf der Karte 1:25.000 ersichtlich.

Tipp: Das Wanderwegnetz »Via del Pane« zwischen den Ortsteilen der Gemeinde Castiglione.

Kartenausschnitt: Streckenverlauf Piedimulera–Castiglione siehe Karte Tour 25.

Die Dörfer Molini und Vigino am Sonnenhang des Tales.

Vom Bushalt Piazza Gramsci der Linien Domodossola–Macugnaga und Domodossola–Pieve Vergonte im Zentrum von **Piedimulera** (248 m) wenden wir uns nach Norden, durchschreiten den gut sichtbaren, 400 Jahre alten Wohnturm der Ghibellinenfamilie Ferrerro (10 Min. von der Bahnstation) und steigen durch Rebberge und Wald zur Kirche von **Cimamulera** (486 m) auf. Ein Steinplattenweg führt weiter auf die Straße, die uns zur Kirche der Madonna delle Grazie bringt. Nach dem Abstieg zu einem Bachübergang erreichen wir über Meggiana und Meggianella den Aussichtspunkt der Kapelle **Santa Lucia** (ca. 590 m). Nun senkt sich der Weg, quert einen Bach und erreicht auf einem Asphaltsträßchen die Brücke der Talstraße. Nach wenigen Metern zweigt der alte Weg wieder ab und führt an der Kirche **Castiglione** (519 m) vorbei durch das Dorf und weiter nach Pecciola. Beinahe ebenwegs kommen wir nach **Porcareccia**

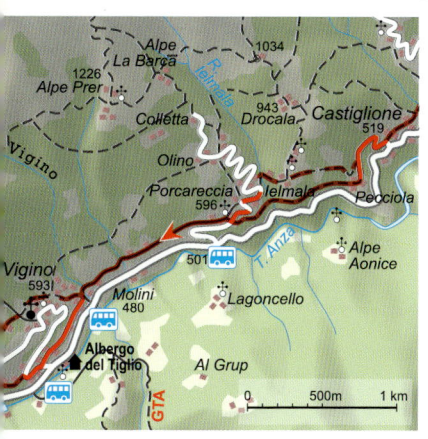

(596 m), wo wir ein Stück weit die absinkende Fahrstraße benützen und dann bei einer ungewöhnlichen Wegkapelle in den Wald einbiegen. Nach der Brücke vor **Molini** (480 m) bleiben wir auf dem Sträßchen oberhalb der Talstraße und steigen nach den Häusern von Duiamen durch den Wald nach **Antrogna** (634 m) auf. Wir erreichen die Fahrstraße Richtung Boretta über eine Treppe östlich der mächtigen Pfarrkirche. Das im Renaissancestil erbaute Gotteshaus wurde zum Zeitpunkt seiner Errichtung respektvoll »Kathedrale im Wald« genannt und ist in unserer Zeit zum »Monumento Nazionale« erklärt worden. Der Weg steigt nun ins Dorf hinauf, überquert einen Bach, passiert auf Steinplattenwegen die Ortsteile Pianezzo und Calasca Dentro, überquert im Wald den Rio Val Bianca und erreicht **Barzona** (688 m). Die untere Gasse des Dörfchens führt in einen angenehmen Abstieg nach **Pontegrande**, wo wir wenige Meter westlich der Brücke auf die Talstraße treffen.

Zu einer aussichtsreichen Alp, einst Werkplatz der Goldschürfer

Die Alpe Cingora ist eine der wenigen gut erhaltenen Alpen des mittleren Anzas-catales und wurde noch vor wenigen Jahrzehnten bewirtschaftet. Die meisten Gebäude sind in gutem Zustand und werden in den Sommermonaten zeitweise bewohnt. Die Tour berührt im Auf- und Anstieg je eine schön gelegene Marien-kirche und eröffnet eine der schönsten Aussichten des Tales von den Gipfeln des Monte Rosa bis zu den Bergen des Val Grande. Die Alp hat aber auch eine bewegte Geschichte als Unterkunftsort und Werkplatz der Goldminen von Aga-re. Diese erlebten im 19. Jahrhundert den Höhepunkt ihrer Ausbeutung und wurden erst nach dem Zweiten Weltkrieg aufgegeben. Auf der Alpe Cingora war eine dampfbetriebene Grubenbahn in Betrieb, und eine Materialseilbahn beför-derte das Gold zur weiteren Verarbeitung ins Tal nach Battiggio.

Höhenunterschied: Aufstieg 700 m, Abstieg 760 m.

Anforderungen: Gut unterhaltene Alpwege, vorwiegend im Wald, Aufstieg ziemlich steil.

Einkehr und Unterkunft: Unterwegs keine. Ristorante Concordia mit Zimmern in Vanzone/San Carlo, Tel. 0324 828967, www.ristorantepizzeriaconcordia.it

Karten: 284 T Mischabel 1:50.000, Carta escursionistica Strà Grande/Valle Anzasca) 1:25.000.

Varianten: Ab Alpe Cingora dem bezeichneten Weg B 12 Richtung Alpe Vallar folgen, dann rechts abzweigen auf wenig begangener Spur zu den Stollen und Gebäuden der ehemaligen Goldminen von Agare (1546 m), 50 Min.

Der auf Karten eingezeichnete Verbindungsweg von Cingora zu den Goldminen dei Cani (1475 m) verläuft in steilem Gelände und ist stellenweise abgerutscht, wir raten von der Begehung ab.

Ausgangspunkt: San Carlo (580 m), Bushaltestelle der Linie Domodosso-la–Macugnaga (bei der ersten Haltestel-le eingangs des Dorfes aussteigen).

Endpunkt: Pontegrande (526 m), Bus-haltestelle der gleichen Linie.

Von der ersten Bushaltestelle von **San Carlo** steigt man zur Kirche hoch und weiter auf dem bezeichneten Weg B 14 nach **Pianezza** (664 m). Bald erreichen wir durch den schönen Kastanienwald das Oratorio der **Madonna del Ronco** (874 m). Der Weg wird nun steiler und führt uns an den teilweise zerfallenen Hütten von Cà Nova vorbei auf den offenen Boden der **Alpe Cingora** (1283 m).

Sowohl die Lage wie auch die Architekur der Kirche von Sassello beeindrucken.

Hier überquert man in nordöstlicher Richtung pfadlos das offene Alpgelände und trifft nach ca. 150 m auf die Überreste der ehemaligen Goldgrubenbahn. Auf der Mauerkrone des Dammes gehen wir zu dessen Ende in der Waldecke und finden dort den Zickzackweg, der durch einen schönen Buchenwald zur **Alpe Cresta** (1129 m) hinunterführt. Unterhalb der Häuser geht es wieder in den Wald hinein, vorerst in der Falllinie, dann nach rechts traversierend. Bald ist das schön gelegene Oratorio der **Madonna del Sassello** (951 m) in Sicht. Dort treffen wir auf den vom Passo del Mottone kommenden Weg B10. Über die **Alpe Pavù** (863 m) erreichen wir das Dörfchen **Barzona** (688 m) und lassen unseren Tag auf dem Weg der Tour 31 nach **Pontegrande** ausklingen.

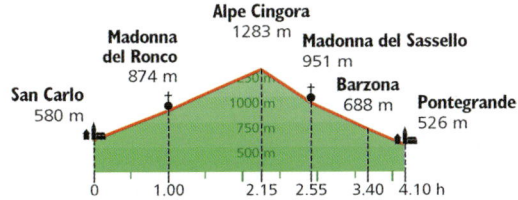

141

Zwischen Walser-Tradition und Alpinismus-Hochburg

Macugnaga, am Fuß der Ostwand des Monte Rosa gelegen, blickt auf eine 700-jährige Geschichte zurück, die von den dort eingewanderten Walsern geprägt ist. Noch heute sind viele der charakteristischen Wohnhäuser und Speicher in Holzbauweise in den verschiedenen Weilern der Gemeinde gut erhalten und in Gebrauch. Sie stehen zum Teil in scharfem Kontrast zu neueren Gebäuden des heutigen Sommerferien- und Wintersportortes. Macugnaga – Z'Makana, wie der Ort im »Walser Titsch« heißt – ist umgeben von einer majestätischen Gebirgslandschaft und dient als Ausgangspunkt sowohl für einfache Bergwanderungen wie auch für hochalpine Touren. Unsere Wanderung führt uns beidseits entlang der Anza, oft unten im Tal, dann wieder über lichte Anhöhen.

Ausgangs- und Endpunkt: Macugnaga Staffa (1307 m), Busstation der Linie Domodossola – Macugnaga.
Höhenunterschied: 250 m.
Anforderung: Leichte Wanderung auf meist guten und bezeichneten Wegen.
Einkehr und Unterkunft: Hotel Signal, Tel. 0324 65142, www.hotelsignal.it. Tourismusbüro in Macugnaga, Tel. 0324 65119, www.macugnaga.it. Ristorante Alpino, Lago delle Fate, Tel. 0324 65277.

Varianten: Aufstieg von Opaco über die Alpe Bletza (1699 m) zum Lago delle Fate auf einem Teilstück des Sentiero naturalistica del Rosa (ca. 2 Std.).
Abstieg vom Lage delle Fate auf Sträßchen über Fornalei nach Borca (ca. 45 Min.).
Tipp: Besuch des Museo Alts Walserhüüs von Zer Burfuggu und der Miniera d'oro della Guia in Borca, die jeweils von Anfang Juni bis Mitte September geöffnet sind.

Die Chiesa Vecchia mit dem Alpinisten-Friedhof und der jahrhundertealten Linde.

Vom Hauptplatz in **Macugnaga Staffa** (1307 m) mit dem schönen Gemeindehaus gehen wir taleinwärts und gelangen an der Luftseilbahnstation vorbei zum ältesten Dorfteil **Chiesa Vecchia/Dorf**. Auf einem Fahrsträßchen erreichen wir bald **Pecetto/Ze Tannu** (1362 m) mit seinen schönen Walserhäusern. Nach dem Parkplatz des Sessellifts überschreiten wir den Talfluss Anza und wandern in südöstlicher Richtung über **Opaco** (1330 m) zur stattlichen »neuen Kirche« in Staffa, die vor 300 Jahren wegen der häufigen Überschwemmungen durch den Tambach hier gebaut wurde. Nun überquert der Weg die Anza erneut und steigt, den Ortsteil Isella links liegen lassend, zum **Lago delle Fate** (1309 m). Der Stausee am Ende des Valle Quarazza ist Ausgangspunkt zum bekannten Passo del Turlo/z'Türli nach Alagna. Nach einer kurzen Strecke auf dem Aufstiegsweg steigen wir auf schmalem Weg durch den Wald unterhalb der Siedlung Motta zum Talboden ab. Kurz bevor wir diesen erreichen, erhaschen wir einen Blick aus der Vogelperspektive auf den Eingang zur Miniera d'oro und erreichen dann den Ortsteil **Borca/Zer Burfuggu** (1195 m). Auf gutem Fußweg gelangen wir über Isella zurück nach **Macugnaga Staffa**.

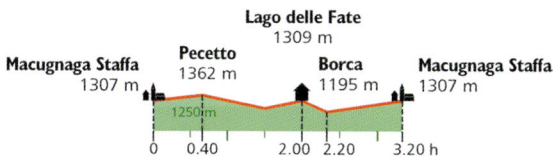

143

Zur Mittagsrast unter der höchsten Wand der Alpen

Dieser Weg gehört zu den Höhepunkten eines Aufenthalts in der Ossola. Vor einem halben Jahrhundert wäre er weniger mühsam gewesen, aber die 1975 von einer Lawine zerstörte Luftseilbahn zu den Piani Alti ist nicht wieder aufgebaut worden. Der Abstieg über den mit Geröll bedeckten Belvedere-Gletscher ist optisch eher eine Enttäuschung, aber das unerwartet sichtbar werdende Blankeis und das laute Bersten der Eismassen unter den Füßen lassen spüren, dass wir uns auf einem Gletscher in Bewegung befinden. Dies zeigte sich auch im Jahr 2001, als in kurzer Zeit der Lago Effimero entstand und in Macugnaga Ängste vor einer Naturkatastrophe auslöste. Heute hat sich die Lage stabilisiert, und die Gletscherbewegungen werden laufend überwacht.

Der Moränenweg unter der Monte-Rosa-Ostwand.

Ausgangspunkt: Macugnaga-Pecetto (1362 m), Endstation der Buslinie Domodossola–Macugnaga.

Höhenunterschied: 770 m.

Anforderungen: Ungefährliche, markierte Wege. Recht steiler Aufstieg. Für die Begehung des geröllbedeckten und streckenweise nassen Gletschers ist gutes Schuhwerk erforderlich.

Einkehr und Unterkunft: Rifugio Zamboni-Zappa CAI auf der Alpe Pedriola, Tel. 0324 65313 oder 340 7977167, www.rifugiozamboni.com. Rifugio Wengwald-Hütte auf Belvedere, Tel. 347 5003096,

www.rifugiobelvederemacugnaga.it

Karten: 284 T Mischabel 1:50.000, Carta Escursionistica Strà Granda/Valle Anzasca 1:25.000.

Varianten: Benützung des Sessellifts Pecetto–Belvedere mit Zwischenstation Alpe Burchi, Tel. 0324 65060, www.monterosastar.com.

Interessanter Aufstieg Pecetto–Roffelstafel leicht exponiert) – Alpe Filar mit Überquerung des schuttbedeckten Gletschers (gutes Orientierungsvermögen erforderlich, Stangen als Wegweiser) nach Belvedere, T3, 3–3 ½ Std.

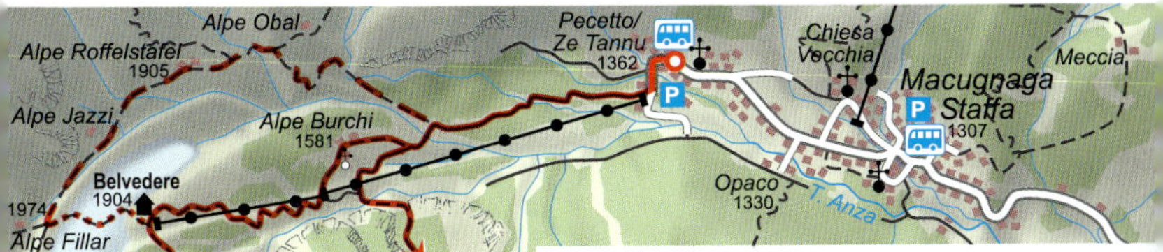

Alpe Obal
Alpe Roffelstafel 1905
Pecetto/ Ze Tannu 1362
Chiesa Vecchia
Meccia
Alpe Jazzi
Alpe Burchi 1581
Macugnaga Staffa 1307
Opaco 1330
T. Anza
Belvedere 1904
1974
Alpe Fillar
Ghiacciaio del Belvedere
Alpe Crosa 1966
Alpe Rosareccio
1825
Piani Alti
2133
Alpe Pedriola
2065
Rifugio Zamboni-Zappa
Punta C. Battisti 2754
Lago Effimero
Lago delle Loccie 2215

0   500m   1 km

In **Macugnaga-Pecetto** (1362 m) folgen wir dem nördlich des Sessel-lifts beginnenden Natursträßchen bis kurz vor der Mittelstation **Alpe Burchi** (1581 m), biegen dann nach links ab und überqueren den Bach. Über steile Felsstufen und später durch Alpenrosenstauden gelangen wir zur nicht mehr bewirtschafteten **Alpe Rosareccio** (1825 m) und in Serpentinen zur zerstörten Bergsta-tion der Luftseilbahn. In Kürze ist der höchste Punkt unserer Tour auf dem vom Pizzo Bianco absinkenden Grat (P. 2133) erreicht, und mit dem Mon-te Rosa im Blick kommen wir sanft absteigend zum **Rifugio Zamboni-Zappa** des CAI Milano (2065 m). Das gastliche Haus liegt inmitten von Blumenwie-sen unter der 2500 m hohen Monte-Rosa-Ostwand.

Der weitere Abstiegsweg holt vorerst in der Alpmulde aus und sinkt danach auf dem Moränengrat nach Norden ab. Dann quert er gut markiert das Stein- und Wasserlaufgewirr des rechten Gletscherarmes und erreicht nach kur-zem Aufstieg zur Mittelmoräne das **Belvedere** (1904 m). Auf dem Platz bei der Sesselliftstation mit schöner Aussicht laden zwei Restaurants zur Ein-kehr ein. Im Zickzack geht es nun die Liftmasten entlang durch lichten Wald zur **Alpe Burchi** und auf der Aufstiegsroute nach **Macugnaga-Pecetto** hinunter.

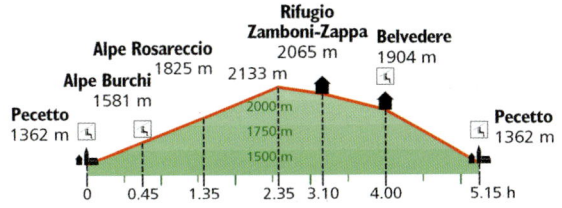

Rifugio
Zamboni-Zappa
2065 m
Belvedere
1904 m
Alpe Rosareccio
1825 m   2133 m
Alpe Burchi
1581 m
Pecetto
1362 m
2000 m
1750 m
1500 m
Pecetto
1362 m

0   0.45   1.35   2.35 3.10   4.00   5.15 h

Rundgang durch die älteste Siedlung des Anzascatals

Das Nebental der Olocchia ist gegen Süden geöffnet und Ausgangspunkt für Passübergänge in die Valsesia. Unser Rundgang vermittelt neben landschaftlichen Schönheiten auch einen Eindruck vom kulturellen Erbe des ehemaligen Hauptortes des Anzascatals.

Ausgangspunkt: Pontegrande (526 m), Haltestelle der Buslinie Domodossola–Macugnaga.

Höhenunterschied: 490 m.

Anforderungen: Leichte Wanderung auf gut gekennzeichneten Wegen.

Einkehr und Unterkunft: Bed and Breakfast »Residenza dello Scoiattolo« in Pontegrande, Tel. 0324 89698 oder 346 8104237, www.rescoiattolo.com.
Ristoro »Da Rosanna«, Soi di Dentro (auch mit Übernachtungsmöglichkeit), Tel. 0324 89678.
Albergo »Passo Baranca« in Bannio zur Zeit geschlossen.

Karten: 285 T Domodossola/284 T Mischabel 1: 50.000, Carta Escursionistica Strà Granda/Valle Anzasca 1:25.000.

Variante: Aufstieg ab Fontane über den aussichtsreichen Bergrücken zur Rausa di San Carlo (1540 m) und Abstieg über Pianezzo nach Soi di Dentro, ab Pontegrande 4 ½ Std. (Querung nach Alpe Loro 1 ¼ Std. weniger).

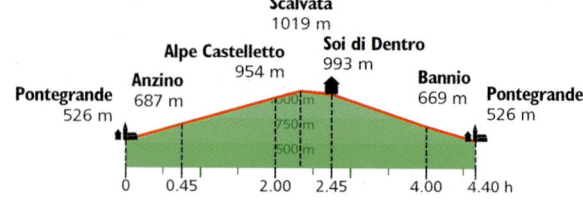

Auf dem Höhenweg bei der Rausa di San Carlo.

Nach der Bushaltestelle **Pontegrande** (526 m) überqueren wir die Anza, folgen der Straße nach **Anzino** (687 m) und benützen nach der Brücke die alte Mulattiera. Die schöne Dorfkirche ist dem Heiligen Antonius geweiht und war Ziel von Pilgern aus dem Tal und aus der Valesia. Wir nehmen nun nicht das nach Süden führende Sträßchen, sondern gehen entlang der oberen Reihe der Kapellen eines eindrücklichen Kreuzweges. Fast ebenwegs erreichen wir weiter die Brücke über den Rio Rosenza (P. 750) und folgen dann auf einem Sträßchen dem Fluss Olocchia talaufwärts. Bald geht dieses in einen Fußweg zur **Alpe Castelletto** (954 m) über, und nach Überquerung des zweiten Nebenbachs zweigen wir von der über den Dorchettapass führenden Route nach Westen ab. Fast eben geht es nach **Scalvata** (1019 m) und nach der Überschreitung des Talflusses auf dem Sträßchen abwärts nach **Soi di Dentro** (993 m). Hier finden wir das Oratorium des San Bernardo, des Patrons der Wanderer, und ein gastliches Ristoro. Zur Erinnerung an den Alpabzug treffen sich an diesem sonnigen Platz jedes Jahr anfangs September viele Menschen zur Festa dell' Alpigiano.

Der Rückweg erfolgt auf der wieder begehbaren Mulattiera, die unterhalb der Fahrstraße verläuft und diese zweimal berührt. In **Bannio** (669 m) zweigen wir vom direkten Abstieg ab und lassen auf dem Hauptplatz die zum Monumento Nazionale erklärte Pfarrkirche San Bartolomeo aus dem 12. Jahrhundert auf uns einwirken. Nördlich der Kirche beginnt auf einem Sträßchen der weitere Weg, und bald kommen wir an restaurierten Kreuzwegkapellen vorbei zur Wallfahrtskirche der Madonna della Neve. Ihre Verehrung geht auf die Pestzeit im 17. Jahrhundert zurück. Auf einem Waldweg erreichen wir in kurzer Zeit **Pontegrande**.

Auf den Spuren der alten »Via del Mercato«

Die geografische Lage des Valle Vigezzo erlaubte schon in frühen Zeiten einen regen Verkehr zwischen den Zentren von Domodossola und Locarno. Auf der »Via del Mercato« zogen die Talbewohner auf die Märkte dieser Städte, und sie war auch die Route der zahlreichen Auswanderer. Das letzte Wegstück im Abstieg zur Tosaebene querte die steile und durch Unwetter gefährdete nördliche Talflanke über dem Talfluss und erforderte einen regelmäßigen Unterhalt. Nach dem Bau der Fahrstraße zerfiel der alte Weg und wurde erst vor einigen Jahren als Wanderweg wieder instand gesetzt. Das interessante Wegstück ist heute aber nicht mehr für jedermann geeignet. Wir empfehlen es als Variante und schlagen eine Fortsetzung der Hauptroute auf der anderen Talseite vor.

Ausgangspunkt: Druogno (826 m), Schnellzughalt der Linie Domodossola–Locarno, Kleinbusverbindungen in die umliegenden Ortsteile.

Endpunkt: Bahnstation Trontano (518 m), Halt der Regionalzüge.

Höhenunterschied: Aufstieg 100 m, Abstieg 410 m.

Anforderungen: Leichte Wanderung auf guten Wegen und Natursträßchen.

Einkehr und Unterkunft: Bar Ristorante Ai Tre Pini, Coimo, Tel. 0324 93529. Trattoria della Stazione, Trontano, Tel. 0324 37049.

Karten: 285 T Domodossola 1:50.000, Carta Escursionistica Valle Vigezzo 1:25.000.

Varianten: Rundwanderung Druogno–Sagrogno–Albogno–Coimo–Druogno 3½ bis 4 Std.

Ab Brücke Marone auf der Straße Richtung Paiesco, bei der Kurve auf altem Weg über die Kirchen Santa Elisabetta und Sant' Antonio nach Masera; streckenweise T3 in Rutschgebiet, 1¾ Std. (siehe auch Tour 10).

Von Trontano über Melezzo auf Straßen nach Domodossola, Abzweigung von der Via Ferraris nach der Kapelle, 1¼ Std.

Von der Bahnstation **Druogno** (826 m) folgen wir dem Sträßchen zum Ortszentrum und zur gro-ßen einschiffigen Pfarrkir-che San Silvestro mit

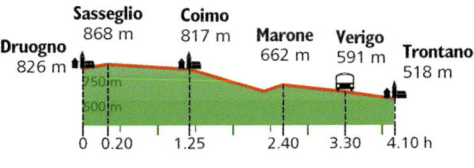

Fresken von Vigezziner Malern. Durch die Via **Sasseglio** erreichen wir eine Kapelle mit der Darstellung des Abendmahls und gehen dann durch die Via San Marco weiter bis zur Brücke am Dorfende. Hier nimmt uns eine Wald-straße auf, und wir wandern ebenwegs durch Kiefern- und Mischwald nach Westen. Bald wendet sich das Sträßchen nach Norden und geht in einen Fuß- und Fahrradweg über, und wir überschreiten den Rio auf einer Beton-brücke. Nun steigen wir leicht an, queren den Hang auf einem Sträßchen und erreichen das sonnig gelegene Dorf **Coimo** (817 m), das durch das dort gebackene flache Roggenbrot (Pane nero di Coimo) bekannt ist. Wir steigen durch die Gassen zum Kirchlein in der alten Dorfmitte ab und folgen einem Sträßchen talauswärts. Nach einer Kapelle in aussichtsreicher Lage senkt sich dieses und gelangt zum im Sommer bewohnten Weiler **Mozzio** (745 m). Hier steigen wir kurz talwärts ab, queren in den Wiesen nach rechts und im Wald die Häuser von Bondi. Wir folgen dem Weg bis kurz vor dem Bach-übergang, wenden uns dann nach Süden und gelangen über eine Treppe in der Stützmauer auf die Talstraße, kurz vor der Brücke über den Melezzo Oc-cidentale.

Letzter Schnee bei Marone, im Hintergrund das Bognancotal.

Am südlichen Ufer folgen wir kurz der Naturstraße, die auf direktem Weg nach Verigo führt. Links zweigt eine Mulattiera ab, deren erstes Stück wegen eines Erdrutsches nicht begehbar ist. Nach wenigen Metern steigt aber ein neu angelegter Fußweg nach Süden an, und wir erreichen **Marone** (662 m). Im Dorf, das bereits in der ersten Hälfte des letzten Jahrhunderts verlassen wurde, herrscht eine bedrückende Stille. Wirklich zu leben scheint nur der Friedhof mit gepflegten Gräbern, wo noch Verstorbene des gegenüberliegenden Dorfes Paiesco bestattet werden. Von der Kirche gehen wir zuerst einige Meter nach Süden, treffen dort auf einen breiteren Weg und erreichen absteigend die Naturstraße, die wir vor Marone verlassen haben. Durch Mischwald, stellenweise unter den Brücken der »Vigezzina«, gelangen wir zu einem Parkplatz und über die Bahnlinie zum alten Dorfteil von **Verigo** (591 m). Weiter geht es wieder über die Bahn auf einer breiten Straße, die wir bei der nächsten Kurve verlassen. Ein alter Weg führt uns in den Graben des Rio Graglia hinab, wo sich sechs durch Kanäle verbundene kleine Mühlen befinden. Hier wurde vor einem halben Jahrhundert noch Roggen gemahlen. Der ganze Komplex ist in den letzten Jahren restauriert und mit Informationstafeln versehen worden. Wir überschreiten den Fluss auf einer Bogenbrücke, steigen an und überqueren Bahngleise und Straße. Dort beginnt ein alter Weg, der uns auf einer aussichtsreichen Strecke durch Wiesen und Rebberge der alten Traubensorte Prunent führt. Später weisen die Wegmarkierungen zum Ortsteil Ventriago, von wo wir durch die Via Verdi die Bahnstation **Trontano** (518 m) erreichen. Das Dorf mit vielen alten Häusern und der ursprünglich romanischen Pfarrkirche Santa Maria ist sehenswert, besonders der südwestlich gelegene Ortsteil Castello.

Panoramaweg am Sonnenhang des Vigezzotales

Der stark bewaldete und steile Nordhang des mittleren Vigezzotales lässt nicht vermuten, dass sich über ihm sonnige und zum Teil noch bewirtschaftete Alpen befinden. Die kürzlich modernisierte Kabinenbahn ab Prestinone hat das Gebiet für die Skifahrer erschlossen, erleichtert aber auch dem Wanderer den Zugang zu aussichtsreichen Höhenwegen und zu den Passübergängen ins Valle Isorno und ins schweizerische Onsernonetal.

Ausgangspunkt: Bahnstation Santa Maria Maggiore (830 m), Schnellzughalt an der Linie Locarno – Domodossola, Autobus über Toceno nach Craveggia. Kabinenbahn (cabinovia) Prestinone – Piana di Vigezzo: ca. 10. Juli bis Ende August stündliche Fahrten, übrige Zeit nur wenige Kurse. Informationen: Tel. 0324 98646 und www.pianadivigezzo.it.

Höhenunterschied: 1130 m.

Anforderungen: Gut markierte Alpwege, im unteren Teil teilweise Straßen.

Einkehr und Unterkunft: Albergo Ristorante Marconi, Craveggia, Tel. 0324 98007 (auch Übernachtung auf Piana). Il Cerbiatto, Piana di Vigezzo,

Tel. 0324 988990 oder 349 1598812. Ristorante Ratagin, Piana di Vigezzo, Tel. 0324 909971 oder 347 5949032.

Karten: 275 T Valle Antigorio 1:50.000, Carta Escursionistica Valle Vigezzo 1:25.000.

Varianten: Ab Arvogno (1247 m) über schönen Treppenweg nach San Pantaleone (Übergang Valle Isorno) – Alpe di Ruggia nach Piana di Vigezzo (5 Std.).

Ab Bocchetta della Cima nach Bagni di Craveggia und zur Postautoendstation Spruga im Kanton Tessin (3½–4 Std.).

Ab Piana di Vigezzo oder Colma di Craveggia über Alpe Monte Nero nach Vocogno (1¾ Std.).

Von der Bahnstation **Santa Maria Maggiore** (830 m) gehen wir kurz nach Osten, überqueren die Bahngeleise und folgen der Fahrstraße nach Norden. Die Via Cavour führt in den Ortsteil Crana hinein. Es lohnt sich, einen kleinen Abstecher in die schönen Gassen zu machen und westlich an der Kirche vorbeizugehen, bevor man wieder auf die Straße zurückkehrt. Dieser folgen wir auf dem Trottoir über die Brücke und erreichen die ersten Häuser von **Toceno** (907 m). Auf der Via Benefattori steigen wir weiter bis zur ins Dorfzentrum führenden gepflasterten

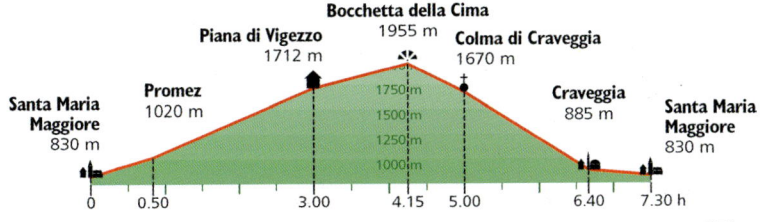

Die Piana di Vigezzo.

Straße an und wenden uns hier nach links. Über die Via Trenta, Via Nuova und Via dei Monti gewinnen wir an Höhe und gelangen an gepflegten Häusern vorbei zum obersten Ortsteil **Promez** (ca. 1020 m). Wo die Straße in den Wald eintritt, weist uns der Wegweiser nach rechts. Nach einigen Metern Fahrweg finden wir linkerhand eine Steinplatte, die über den kanalisierten Bach und direkt auf eine gut erhaltene Mulattiera führt. Diese verläuft im Zickzack und bei angenehmer Steigung durch schattigen Wald zur **Colma di Fuori** (1558 m). Hier werden wir mit einem herrlichen Ausblick auf das Valle Vigezzo und die Gipfel des Val Grande für die Mühen des Aufstiegs belohnt. Es geht steil auf dem blumenreichen Grat weiter, bis wir rechts in einen Fahrweg einbiegen und durch lichten Wald eben zur **Piana di Vigezzo** (1712 m) gelangen. Von der Seilbahnstation und der Locanda »Ratagin« folgen wir der Route M 25 Richtung Bocchetta di Muino und biegen nach etwa 20 Min. nach rechts ab. Über Wiesen gelangen wir auf den von der Cima Trubbio kommenden Grat und verlassen das vom Winterbetrieb gezeichnete Gelände. Unterhalb des zum Gipfel zeigenden Wegweisers führt ein Weglein leicht sinkend in den Hang hinein und steigt nach einer Mulde wieder an. Aus der Ferne ist es nicht immer leicht sichtbar, aber schon bald erblickt man den Wegweiser bei der Wegscheide. Von hier gelangt man in leichtem Aufstieg zum Übergang der **Bochetta della Cima** (1955 m) und zur etwas unterhalb liegenden Cappella del Rosario. Diese lädt zu einer Rast mit schönem Ausblick nach Norden und Westen ein.

Der Rückweg vom höchsten Punkt der Tour verläuft vorerst auf der Aufstiegsroute, folgt beim Wegweiser der M 29 und führt oberhalb mehrerer Alpen mit schönen Weitblicken zur **Colma di Craveggia** (1670 m). Einige Gehminuten südöstlich der Colma liegt eine schöne Häusergruppe mit der Kapelle des Heiligen Rocco und mit einem prähistorischen Schalenstein. Im weiteren Abstieg bleiben wir nach der Colma auf dem Grat und erreichen bald die erst vor kurzem erstellte Naturstraße, die uns – teilweise über Abkürzungen – nach **Craveggia** (885 m) geleitet. Wo sich die Straße oberhalb des Dorfes ebenenwegs nach Osten wendet, führt ein steiler Weg zur Straße und weiter in das schöne Dorf hinunter. Etwa 150 m unterhalb der Kirche wählen wir das nach rechts führende Sträßchen und steigen vor dem Friedhof links auf einer Mulattiera zur Straße ab. Nach der Überquerung der Brücke zweigen wir nach rechts ab und erreichen über das sehenswerte Dorfzentrum die Bahnstation **Santa Maria Maggiore**.

Auf alten Wegen ins Valle del Basso

Auch für die Vigezziner Bevölkerung war die »Transumanza«, die Kultur der Wanderviehhaltung, jahrhundertelang die traditionelle Lebensform. 1381 erwarben die Bürger des nordwestlich von Santa Maria Maggiore gelegenen Dorfes Buttogno Weidegebiete im heutigen Naturpark Val Grande und zogen bis vor 70 Jahren jeden Frühsommer über die Bocchetta di Vald auf diese Alpen. Sie wählten den Weg über die Alpe Cima und sömmerten auch auf halber Strecke an den Hängen des Valle del Basso. Unsere Tour folgt ihren Spuren und verläuft auf längerer Strecke auf einem Naturlehrpfad (Sentiero Natura).

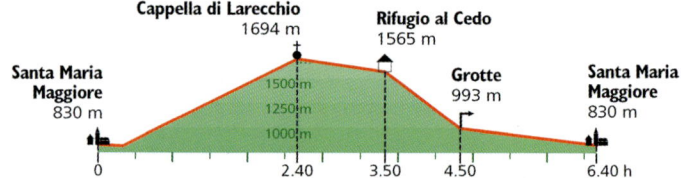

Ausgangspunkt: Bahnstation Santa Maria Maggiore (830 m), Schnellzughalt der Linie Domodossola – Locarno.
Höhenunterschied: 860 m.
Anforderungen: Markierte Alpwege. Zwischen Kapelle und Rifugio Wegspur im Gras stellenweise undeutlich, Routenverlauf und Ziel sind aber gut erkennbar.
Einkehr und Unterkunft: Hotel Ristorante Miramonti in Santa Maria Maggiore, Tel. 0324 95013, www.almiramonti.com.

Rifugio al Cedo geschlossen, Schlüssel Tel. 0324 94737, caivigezzo@libero.it. 1 Std. südlich von All'Erta am Weg M 10 immer geöffnetes Bivacco Alpe Bondolo (1590 m). Die Alpe Basso ist bewirtschaftet.
Karten: 285 T Domodossola 1:50.000, Carta Escursionistica Valle Vigezzo 1:25.000.
Varianten: Von Al Cedo markierter Aufstieg zum Pizzo Ragno (2289 m), 2 ½ Std. Bezeichnete Verbindung zur Straße ins Loanatal und nach Malesco.

Westlich der Bahnstation **Santa Maria Maggiore** biegen wir in einen Fußweg ein, der uns zur Hauptstraße und durch die Via Pineta zum großen Parkplatz leitet. Hier folgen wir ca. 400 m weit dem Sträßchen nach Westen und überschreiten dann die Brücke.

Der Höhenweg zum Rifugio al Cedo.

Beim ersten Wegweiser folgen wir ein kurzes Stück einer Waldstraße. Diese wendet sich bald nach rechts, während wir leicht ansteigend in der bisherigen Richtung weitergehen. In einem Graben (Wegweiser »Sentiero Natura«) beginnt die sehr schöne Mulattiera, die uns durch schattigen Wald zur Alpe Cima und zur **Cappella di Larecchio** (1694 m) führt. Der einfache Bau mit »Portico« steht an aussichtsreicher Stelle.

Auf einem fast ebenen Höhenweg gelangen wir über mehrere Alpen zum **Rifugio al Cedo** (1565 m) und steigen dann zum Fluss ab. In leichtem Gefälle passieren wir einen ehemaligen Kalkofen und die Alpe Basso und erreichen die Wegabzweigung bei **Grotte** (993 m).

Wir bleiben auf der linken Seite des Flusses und überschreiten leicht ansteigend das etwas unübersichtliche Geröllfeld des einmündenden Bergbachs. Nun steigt der Weg bis zur Kapelle **Sant' Antonio** (947 m) recht hoch über die Loana an. Dort wird er breiter, wendet sich bei der Abzweigung Malesco nach Westen und erreicht durch das Villenquartier von **Santa Maria Maggiore** die Bahnstation.

Vom Wallfahrtsort zu wiederbelebten Alpen

Unser Weg führt von Re, dem bekanntesten Wallfahrtsort der Ossola, zu heute nicht mehr bestoßenen Alpen am Sonnenhang des Vigezzotales. Über die Costa di Faedo erreicht er das schön gelegene Dorf Villette und wieder den Ausgangspunkt. Weite Strecken des Weges verlaufen im Schatten spendenden Buchenwald, vor allem der Aufstieg. Dessen eher mühsame letzte 200 Höhenmeter werden durch eine umfassende Rundsicht und den angenehmen Höhenweg zur Alpe Blizz entschädigt. An schönen Sommertagen begleiten uns viele Schmetterlinge auf dem Weg.

Ausgangspunkt: Bahnstation Re (710 m). Schnellzughalt an der Linie Domodossola – Locarno. Parkplätze im Ortszentrum.
Höhenunterschied: 630 m.
Anforderungen: Gut markierte Alp- und Bergwege, Wegweiser. Im obersten Teil des Abstieges ist Trittsicherheit erforderlich.
Einkehr und Unterkunft: Auf Alpe Blizz Rifugio Ristoro »La Stria Rusa« mit 2 Zimmern, Tel. 333 9176322, www.lastria-rusabl.com und Rifugio Blizz, Tel. 347 3592317 oder 0324 94235. Beide 15.6. bis 15.9. täglich offen, sonst am Wochenende und auf Anfrage.

Karten: 275 T Valle Antigorio/285 T Domodossola 1:50.000, Carta Escursionistica Valle Vigezzo 1:25.000.
Varianten: Zwischen La Cailina und Alpe Blizz direkter Abstieg durch das Tal des Rio del Pozzo über Londrago zum Hauptplatz Villette; streckenweise steil, ab La Cailina 1 ½ Std.
Ab Costa di Faedo teilweise rauer und ausgesetzter Kammweg nach Zornasco 2 ¼ Std. (T3), weiter bis Haltestelle Zornasco oder Station Malesco, 20/40 Min. Von Alpe Blizz auf wenig befahrener Straße bis Craveggia 1 ¼ Std. (Tour 37).

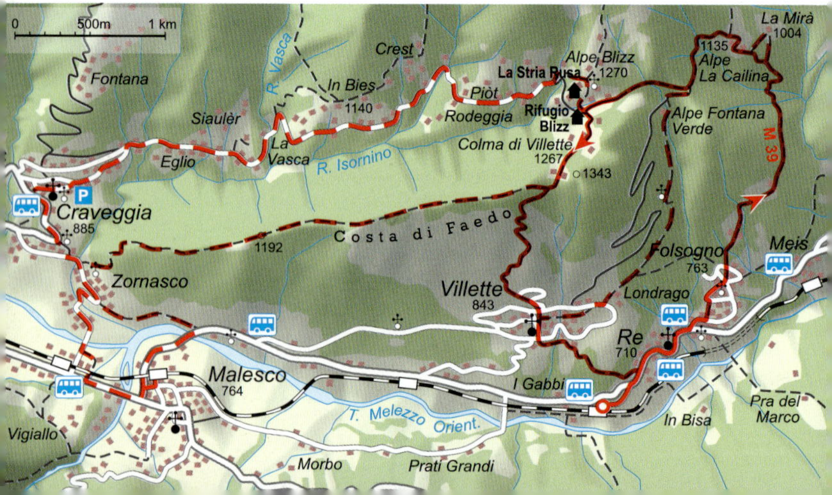

Von der Station **Re** erreicht man auf der Straße in etwa 10 Min. die Wallfahrtskirche, wo sich das Madonnenbild mit der blutenden Stirnwunde befindet. Weiter der Straße folgend, findet man nach der Straßenab-

zweigung die zum Dorfzentrum **Folsogno** (763 m) hinaufführende Mulattiera. Kurz nach der Kirche führt von einem kleinen Platz aus ein Pflasterstein-weg nach oben in die Via al Torno und durch Wiesen auf ein Sträßchen. Beim Wegweiser schlagen wir die Route M 39 ein, die in angenehmer Steigung durch Buchenwald nach Norden verläuft. Nach dem zweiten größeren Bachübergang biegt der Weg auf ca. 920 m steil in den Hang hinein, ohne La Mirà zu berühren (entgegen dem Routenverlauf auf den Karten). Die Markierungen an den Baumstämmen leiten uns – zuletzt in einem Linksbogen und durch Wiesen – zur aussichtsreichen **Alpe La Cailina** (1135 m) mit ihren teilweise umgebauten Alphütten. Auf einem angenehmen Weg mit geringen Höhendifferenzen erreichen wir die Straßenkurve bei der **Alpe Blizz** (1270 m), wo sich der Blick zu den Walliser Alpen öffnet. Hier lohnt sich ein kurzer Abstecher zur schön gelegenen Kapelle. Für den Rückweg folgt man vorerst der Naturstraße nach Süden und später dem Waldweg bis zum Grat der **Costa di Faedo** (1343 m). Auf anfänglich abschüssigem Weg steigen wir an einem Wasserreservoir vorbei zur Umfahrungsstraße und durch die Gassen zum Hauptplatz von **Villette** (843 m) ab. Hier führt die Via per Re nach links und auf der streckenweise mit Kopfsteinpflaster versehenen Mulattiera zur Wallfahrtskirche und zur **Bahnstation Re**.

Rückblick von der Costa di Faedo auf Alpe Blizz mit Kapelle.

Ein Bergrücken mit Fernblick in alle Himmelsrichtungen

Die Testa del Mater trennt das Valle Loana vom oberen Cannobinatal. Ihr vorgelagert ist der Gipfel der Cima (1810 m). Der untere Teil der Zugänge liegt im Wald, weiter oben wandern wir über aussichtsreiche ehemalige Alpen. Auf einer von ihnen, der Alpe Cortino, sind mehrere Rustici und ein privates Rifugio entstanden. Sie ist im Sommer ein viel besuchter Platz.

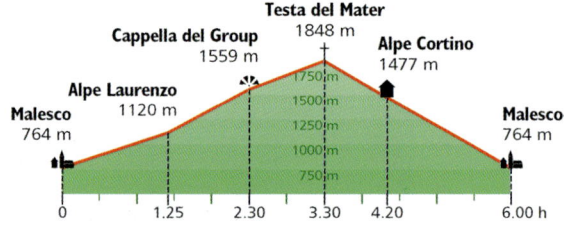

Blick von der Cima nach Westen.

Ausgangspunkt: Station Malesco (764 m), Schnellzughalt der Linie Domodossola–Locarno. Bus nach Finero (wenige Kurse täglich), Prontobus ins Loanatal (Tel. 0324 93565, www.vcoinbus.it).

Höhenunterschied: 1080 m.

Anforderungen: Gut markierte Wege.

Einkehr und Unterkunft: Rifugio Nigritella, Alpe Cortino, Tel. 339 2770509 oder 0324 92456. Agriturismo Besana, Fondo li Gabbi, Tel. 335 7219393. An beiden Orten einfache Übernachtungsmöglichkeit.

Karten: 285 T Domodossola 1:50.000, Carta Escursionistica Valle Vigezzo 1:25.000.

Varianten: Zugang von der Station Re auf dem alten Pilgerweg vom Cannobinatal über das kleine Naturschutzgebiet von Pian dei Sali (Bushalt) nach Alpe Laurenzo, 1 Std. 50 Min.

Von Finero (898 m) über Alpe Orsera nach Group, 2 Std.

Von der Testa del Mater über La Forcola –Alpe Loana zur Originalroute, 2½ Std. Abstieg durch die Loanaschlucht.

Von der Station **Malesco** (764 m) steigt man durch das Dorf an und folgt bei der stattlichen Kirche der Fahrstraße Richtung Finero. Nach einem Bach verlässt man diese bei einer Kapelle und erreicht auf breitem Weg durch den Wald die sonnig gelegene **Alpe Laurenzo** (1120 m). Dort nimmt die Steigung zu, und wir erreichen – immer in einigem Abstand zum Bach – die aussichtsreiche **Cappella del Group** (1559 m). Über Alpweiden geht es zur zerfallenen **Alpe Pianzà** (1701 m), wo eine Informationstafel auf eine prähistorische Kultstätte mit Schalensteinen hinweist. Hier führt eine Abkürzung nach Cortino rechts in den Hang hinein. Bald erreichen wir den felsigen, aber ungefährlichen Bergkamm und unser Ziel, die **Testa del Mater** (1848 m). Die Sicht reicht von den Walliser Alpen über den Monte Rosa bis zu den Tessiner Bergen.

Auf dem Rückweg passieren wir in einer kleinen Gegensteigung die **Cima** (1810 m) und gelangen durch Alpenrosen- und Heidelbeersträucher zur **Alpe Cortino** (1477 m) hinunter. Ein breiter Waldweg leitet uns zur wenig befahrenen Straße hinab, der wir bis zur Kurve nach einer Kapelle folgen. Wir benützen eine Strecke weit den alten Weg und erreichen – später wieder auf der Straße – die Station **Malesco**.

Ausblick in die Lombardei und zu Viertausendern

Die elegante Pyramide im Talabschluss der Loana ist ein beliebtes Ziel guter Berggänger. Auf dem Gipfel öffnet sich eine großartige Rundsicht von den 2000 m tiefer liegenden lombardischen Seen bis zu den Hochalpen. Nördlich des Monte-Rosa-Massivs ist auch die Spitze des Matterhorns zu entdecken. Der Abstiegsweg unserer Tour war die wichtigste nördliche Eingangspforte zu den Alpweiden des Val Grande. Er führt an ehemaligen Anlagen zur Kalkgewinnung vorbei, vom 17. bis ins 20. Jahrhundert hinein eine wichtige Einnahmequelle der Talbewohner. Einige Kalköfen sind wieder hergestellt worden und mit Informationstafeln versehen.

Ausgangspunkt: Fondo li Gabbi (1256 m), Endpunkt der Prontobuslinie ab Santa Maria Maggiore/Malesco (Tel. 0324 935 65, www.vcoinbus.it), ev. Taxi, Zugänge zu Fuß siehe Touren 38 und 40.

Höhenunterschied: 940 m.

Anforderungen: Anstrengende Tour, teilweise in alpinem Gelände. Im letzten Aufstieg einige leicht exponierte Stellen. Beschilderte und markierte Wege.

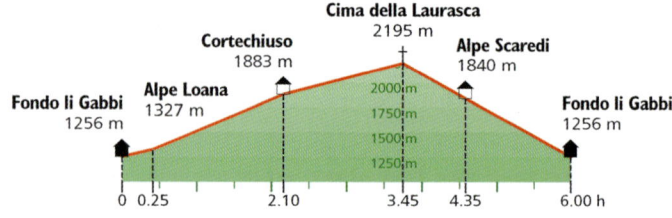

Gipfelrast mit Blick zum Lago Maggiore.

Einkehr und Unterkunft: Agriturismo Besana, Fondo li Gabbi, Tel. 335 7219393, offen Mai bis 10. September, Zimmer und Schlafraum. Einfaches Bivacco in Cortechiuso (Holz mitbringen). Bivacco des Nationalparks auf Alpe Scaredi.

Karten: 285 T Domodossola 1:50.000, Carta Escursionistica Valle Vigezzo 1:25.000.

Varianten: Zugang von Alpe Cortino über Testa del Mater nach Bivacco Cortechiuso, 2¾ Std., Wiederaufstieg ab La Forcola mühsam und schlecht unterhalten, aber nicht zu verfehlen.

Ab Finero auf Route S 27 durch das Tal und Alpe Prebusa, 3½ Std. bis Bivacco Cortechiuso.

Von der Haltestelle des Prontobus in **Fondo li Gabbi** (1256 m) folgen wir ca. 1,5 km dem Sträßchen und später der Fahrspur bis zur **Alpe Loana** (1327 m). Die auf Karten angegebene Bezeichnung »Le Fornaci« bezieht sich auf ehemalige Kalköfen auf der anderen Flussseite. Wir steigen im Wald an und zweigen knapp 100 m unterhalb des gut sichtbaren Sattels der Forcola nach rechts ab. Durch Erlen und Sträucher gelangen wir am Hang entlang zur Senke des Kamms bei P. 1818, gewinnen auf diesem weiter an Höhe und erreichen das etwas tiefer liegende **Bivacco Cortechiuso** (1883 m). Nun sind wir auf einem Streckenteil der GTA und steuern die gut sichtbare **Bocchetta di Cortechiuso** (2069 m) an. Knapp 100 m unter uns liegt der Lago del Marmo mit den weißen Felsen, weiter unten erblicken wir auf der Wasserscheide zwischen Loana- und Portaiolatal die Hütten von Scaredi und die Kapelle von Terza. Leicht sinkend geht es in einem Bogen zu dem von der Laurasca herabkommenden Kamm, wo wir den eben weiterführenden Weg verlassen. Hier beginnt der steil aufsteigende und mit Steinmännern markierte Aufstieg zur **Cima della Laurasca** (2195 m) mit dem vier Meter hohen Eisenkreuz. Wenn das Wetter mitspielt, belohnt uns auf dem Gipfel ein großartiges Panorama. Der Abstieg erfolgt vorerst auf der Aufstiegsroute. Nach Erreichen des Querwegs finden wir nach wenigen Metern die links abzweigende Route und gelangen an kleinen Seelein vorbei zur **Alpe Scaredi** (1840 m) mit dem Bivacco des Nationalparks. Der weitere Rückweg auf der guten Mulattiera ist ein angenehmer Ausklang. Wir passieren die Hütten von Cortenuovo und erreichen an ehemaligen Kalköfen vorbei den Ausgangspunkt **Fondo li Gabbi**.

Vom Lago Vannino zur Alpe Devero

Die Scatta Minoia wurde bald nach der Besiedlung durch die Walser eine wichtige Verbindung zwischen dem Wallis und dem Pomatt. Sie verdankt ihren Namen einem Händlergeschlecht, das im 15./16. Jahrhundert hier tätig war. Das Wort »scatta« ist eine in dieser Region häufig verwendete Bezeichnung für Pass. Auch heute noch wird die zur GTA gehörende Route viel begangen. Schöne Ausblicke und die liebliche Umgebung im letzten Wegstück entschädigen für den eher rauen Passübergang. Interessierte finden auf dem Weg vielfältige Gesteinsarten und -formen.

Ausgangspunkt: Alpe Vannino (2194 m), siehe Tour 4.
Endpunkt: Alpe Devero, Ortsteil Ai Ponti (1631 m), siehe Tour 17.
Höhenunterschied: Aufstieg 410 m, Abstieg 970 m.
Anforderungen: Gut bezeichneter und viel begangener Bergweg, beidseits der Scatta Minoia steil und im Geröll.
Einkehr und Unterkunft: Bivacco Ettore Conti auf der Scatta Minoia, 10 Schlafplätze. Auf der Alpe Devero mehrere Gaststätten und Einkaufsgelegenheiten, siehe Tour 17. Binntalhütte SAC, Tel. 0041 27 9714797.

Karten: 265 T Nufenenpass/275 T Valle Antigorio 1:50.000. Wanderkarte Binntal/ Veglia – Devero 1:25.000.
Varianten: Die wenig begangene Bocchetta della Valle (2574 m) ist landschaftlich reizvoll und anfangs Sommer früher schneefrei. Auf der Alpe Forno Inferiore (2220 m) Abzweigung zum Albrunpass (Bocchetta d' Arbola, 2409 m) 1 Std. Übergang von Salecchio Superiore (1509 m) zur Alpe Devero über den Passo del Muretto (2347 m, Teilstück des Großen Walserweges) 5 bis 5 ½ Std., siehe Touren 6 und 17.

Der Passübergang, hinten die Lücke des Albrunpasses.

Vom Rifugio Marga-roli auf der **Alpe Vannino** (2194 m) gehen wir den Stausee (mit Baujahr 1921 einer der ältesten Stauseen der Ossola) entlang.

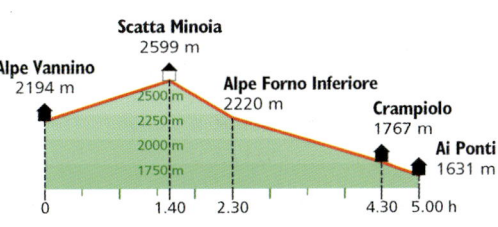

Etwa in Seemitte steigen wir an und überqueren den Bach unterhalb der Alpe Curzalma. Dann folgen wir in regelmäßiger Steigung dem Hang und erreichen, im letzten Anstieg steil und durch Geröll, die **Scatta Minoia** (2599 m). Hier genießen wir eine prächtige Rundsicht. Nach ca. 150 Höhenmetern Abstieg treffen wir auf einen kleinen See, und nun geht's in sanfterem Gefälle zur **Alpe Forno Inferiore** (2220 m). Durch die liebliche Talmulde von Canaleccio gelangen wir ans Ufer des Devero-Stausees und zur anmutig gelegenen Siedlung **Crampiolo** (1767 m) mit einer Kapelle. Von hier führen mehrere Wege zum südlichen Teil der Alpe Devero bei **Ai Ponti** (siehe Tour 17).

Von der Alpe Devero zur Alpe Veglia

Diese Verbindung zwischen den beiden Naturschutzgebieten ist ein landschaftlicher Höhepunkt der Ossola-Wanderungen. Über blumenreichen Alpweiden und weiten Talmulden erheben sich die Dreitausender Ofenhorn, Pizzo Cervandone und Monte Leone. Sie ist ebenfalls ein seit alten Zeiten begangener Weg und Streckenteil der GTA. Zusammen mit den Touren 17, 20 und 21 bietet sie sich als lohnende Dreitageswanderung an.

Ausgangspunkt: Alpe Devero, Ortsteil Ai Ponti (1631 m), siehe Tour 17.
Endpunkt: Alpe Veglia, Ortsteil Cornù (1771 m), siehe Tour 21.
Höhenunterschied: Aufstieg 980 m, Abstieg 840 m.
Anforderungen: Gut bezeichneter und viel begangener Bergweg. Zwischen den beiden Pässen eine leicht exponierte (mit Ketten gesicherte) Passage.
Einkehr und Unterkunft: Restaurants und Hotels in San Domenico und Alpe Veglia, www.alpeveglia.it.

Rifugio CAI Città di Arona, Alpe Veglia, Ortsteil Cornù, Tel. 0324 780837, www.rifugiocaiveglia.it.
Karten: 275 T Valle Antigorio/274 T Visp 1:50.000, Wanderkarte Binntal/Veglia–Devero 1:25.000.
Varianten: Ab Goglio (Tour 17) oder Alpe Agarù (Tour 18) über Alpe Bondolero zum Passo di Valtendra, 4–3 ½ Std.
Lohnender Umweg von Pian Sass Mor über Pian d' Erboi zum Lago Bianco und nach Cornù, 1 Std. länger. Siehe Tour 21.

Vom Ortsteil Ai Ponti der **Alpe Devero** (1631 m) führt die Route der GTA zu den Häusern von Piedimonte und überwindet nördlich des weithin sichtbaren Wasserfalls im Wald eine Steilstufe. Danach folgt ein erholsames Wegstück durch das leicht ansteigende Tal bis zur **Alpe Buscagna Superiore** (1967 m). Kurz vorher passieren wir die Abzweigung zum von Lärchen umstandenen **Lago Nero** (1974 m, ca. 10 Min.).

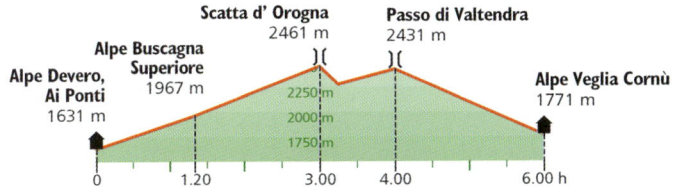

Das eindrückliche Hochtal von Buscagna.

Auch nach der Alp steigt der Weg weiterhin sanft an und wird erst in der letzten halben Stunde vor dem Übergang der **Scatta d' Orogna** (2461 m) steiler. Dort genießen wir den Blick in das Valle Bondolero und zum Monte Cistella. Die Route zwischen den beiden Pässen ist interessant angelegt und führt an wilden Felspartien vorbei. Vor dem Wiederanstieg zum **Passo di Valtendra** (2431 m) steigen wir etwa 180 Höhenmeter ab. Mit der weiten Talmulde der Alpe Veglia und dem Monte Leone vor Augen passieren wir große Felsblöcke und bis in den Sommer hinein vereinzelte Schneefelder. Bei den Häusern von **Pian du Scricc** (1933 m) überqueren wir den Rio Frua, und dann erwartet uns ein sehr schönes Wegstück durch lichten Wald zum Boden der **Alpe Veglia** bei Cornù.

Scatta d' Orogna
2461 m

Passo di Valtendra
2431 m

Alpe Buscagna
Superiore
1967 m

Alpe Devero,
Ai Ponti
1631 m

Alpe Veglia Cornù
1771 m

2250 m
2000 m
1750 m

0   1.20   3.00   4.00   6.00 h

Von der Alpe Veglia in die imposante Gondoschlucht

Dieser Streckenteil des Grenztrekkings überschreitet die Landesgrenze und endet an der Simplonstraße. Er ist Bestandteil der »Alta Via della Val Divedro« und führt über die bereits in den ersten Jahrhunderten unseres Zeitalters begangene »Via dei Leponti«, den ältesten Simplonweg. Wir treffen beidseits des Passes bewirtschaftete Alpen und wandern während 1½ Stunden auf einem großartigen Panoramaweg.

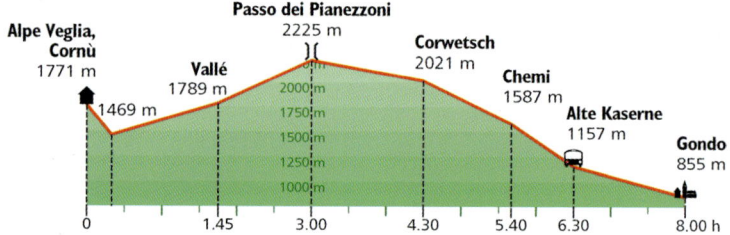

Ausgangspunkt: Alpe Veglia, Ortsteil Cornù (1771 m), siehe Tour 21.
Endpunkt: Gondo im Kanton Wallis (855 m), Grenzstation und Haltestelle der Postautolinie Brig–Domodossola.
Höhenunterschied: Aufstieg 760 m, Abstieg 1670 m.
Anforderungen: Gut bezeichnete Wege in übersichtlichem Gelände.
Einkehr und Unterkunft: Hotel Stockalperturm in Gondo, auch gut eingerichtete Gruppenunterkunft, Tel. 0041 27 9792550, www.stockalperturm.ch.
Restaurant Bellevue in Gondo, einige einfache Zimmer, Tel. 0041 27 9791198.
Karten: 275 T Valle Antigorio/274 T Visp 1:50.000, Carta dei Sentieri dell' Alta Via della Val Divedro 1:50.000.
Varianten: Weitere Übergänge im Wallis, nur für erfahrene Bergwanderer:

Unterhalb der Kapelle von Groppallo auf den interessanten »Sentiero di Balmitt«, der durch mehrere Gräben nach Vallé führt, (streckenweise leicht exponiert, mit Ketten gesichert, T3, siehe Tour 21).
Abstieg nach Bugliaga auf der Route des Passo delle Possette, Verbindung über La Balma nach Alpe Vallescia (siehe Tour 19). Markierter, aber anspruchsvoller Abstieg ab Corwetsch zur Postauto-Haltestelle Ramserna (durch die steilen Felsen über der Gondoschlucht, leicht exponiert, bei Nässe abzuraten, T3, 2 Std.).
Tipp: In Gondo Filiale des Informationsbüros Simplon Tourismus, Tel. 0041 27 9791010, www.simplon.ch. Frei zugängliches Goldmuseum im Hotel Stockalperturm (www.goldmine-gondo.ch).
Kartenausschnitt: Tourenstartpunkt Alpe Veglia siehe Karte Tour 21.

Vom Ortsteil **Cornù** (1771 m) der Alpe Veglia folgen wir der nicht für den privaten Verkehr zugelassenen Naturstraße nach Süden und biegen bei P. 1469 in das nach rechts ansteigende Alpsträßchen ein. Über **Vallé** (1789 m) und Le Balmelle erreichen wir den Boden von Pianezzoni (2141 m), wo wir die Route des Passo delle Possette verlassen und südwärts zum **Passo dei Pianezzoni** (auch Passo Gialit genannt, 2225 m) aufsteigen. Nach einem kurzen Abstieg durch Felsblöcke und rechts am Holzkreuz vorbei folgt der wunderschöne Höhenweg über die Alpen Camoscella (2111 m) und Vallescia (2063 m) zur Schweizer Grenze und weiter nach **Corwetsch** (2021 m). Hier steigen wir vorerst auf dem Kammrücken nach Süden und folgen dann dem Hang westwärts einer alten Wasserleitung entlang. Über Pianezza erreichen wir in regelmäßigem Gefälle die Häuser von **Chemi** (1587 m) und auf der anderen Seite des Flusses die Fahrstraße ins Tal. Dieser folgen wir – streckenweise auf Abkürzungen – zur **Alten Kaserne** (1157 m) an der Simplonstraße (Postauto-Haltestelle). Das Gebäude aus napoleonischer Zeit beherbergt heute ein frei zugängliches Museum zur Passgeschichte. Der weitere Weg wechselt mehrmals die Talseite und führt durch die ehemalige Grenzfestung und streckenweise auf dem Dach der Straßengalerien nach **Gondo**. Das einstige Goldgräberdorf wurde im Jahre 2000 von einer schweren Erdrutschkatastrophe heimgesucht.

Alpe Vallescia, Blick zur Weissmiesgruppe.

Auf dem Stockalperweg zurück nach Italien

Der Grenzpass von Monscera zwischen dem schweizerischen Zwischbergental und dem Alto Bognanco war eine wichtige Alternative zum Transitweg über den Simplon und erlebte seine Blütenzeit unter dem berühmten Handelsherrn Stockalper aus Brig. Der Zugang von Westen her erfolgte aber nicht über die lange Zeit unpassierbare Gondoschlucht, sondern ab Gabi über die 1872 m hohe Furggu. Auch die Walliser Truppen benutzten den Monscerapass bei ihren Einfällen in die Ossola, und bis ins letzte Jahrhundert hinein war er ein bekannter Schmugglerpass. Die Bognanchesen nennen das Zwischbergental Val Vaira, und viele der dortigen Alpen wurden früher von ihnen bewirtschaftet.

Ausgangspunkt: Gondo (855 m) im Kanton Wallis, Haltestelle der Postautolinie Brig – Domodossola (www.postauto.ch). Rufbuslinie der PostAuto Schweiz AG nach Zwischbergen, Bord (Linie 12.633, auf Verlangen auch zur Furggu und nach Mittelhüs, 1660 m), Anmeldung spätestens 2 Std. vor Abfahrt, abends bis 18 Uhr, Tel. 0041 79 7137002.

Endpunkt: San Lorenzo (955 m), Endstation der Buslinie Domodossola – Bognanco, siehe Touren 22, 23 und 24.

Höhenunterschied: Aufstieg 1250 m, Abstieg 1150 m.

Anforderungen: Gut bezeichnete Wege, Aufstieg zum Pass steil und anstrengend.

Einkehr und Unterkunft: Pension Bord Zwischbergen, Tel. 0041 27 9791379 oder 0041 78 8261461; offen Mai bis Oktober, Touristenlager, einige Zimmer.
Rifugio Gattascosa, Juni bis September täglich offen, übrige Zeit an Wochenenden, Tel. 328 315 1669 oder 0041 76 2295272, www.rifugiogattascosa.it.
Im Bognancotal siehe Touren 22 und 23.

Karten: 274 T Visp/275 T Valle Antigorio/285 T Domodossola 1:50.000.

Varianten: Bei Alp Pussetta über den Tschawinersee und die Bocchetta di Gattascosa. Weitere siehe auch Tour 23.

Kartenausschnitt: Tourenverlauf ab Rif. Gattascosa siehe Tour 23.

Rechts: Ausblick vom Camoscellahorn in Richtung Simplonpass.

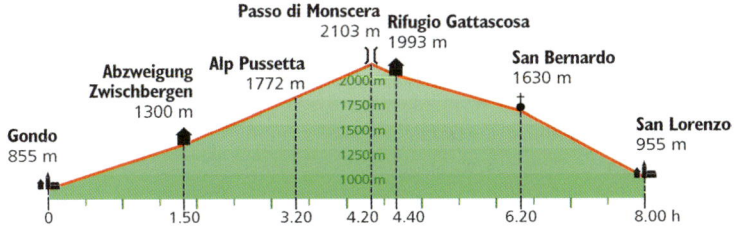

Passo di Monscera
2103 m

Rifugio Gattascosa
1993 m

Abzweigung
Zwischbergen
1300 m

Alp Pussetta
1772 m

San Bernardo
1630 m

Gondo
855 m

San Lorenzo
955 m

2000 m
1750 m
1500 m
1250 m
1000 m

0   1.50   3.20   4.20 4.40   6.20   8.00 h

In **Gondo** (855 m) benutzt man die Fahrstraße nach Zwischbergen bis zur Brücke über die Diveria und zweigt dann rechts auf den bezeichneten alten Weg ab. Dieser kreuzt die Straße mehrmals, überquert bei Hof den Talfluss und kommt an den Anlagen des ehemaligen Goldbergwerks vorbei. Unterhalb des Stausees überschreiten wir das »Große Wasser« wieder und wandern bis zur Wegabzweigung bei **Zwischbergen** (ca. 1300 m) auf der Straße. Die erste Stunde des hier beginnenden Aufstiegs ist recht steil, bis wir aus dem Wald treten und zur **Alp Pussetta** (1772 m) gelangen. Dort erwartet uns nochmals ein steiler Aufstieg, bevor das Gelände weiter wird und wir den **Passo di Monscera** (2103 m) erreichen. Die Ausblicke in das fast ebene Hochtal und zurück zur imposanten Weissmiesgruppe entschädigen für die Anstrengungen. Auf der Passhöhe betreten wir wieder italienischen Boden und kommen auf dem Weg rechts des Seeleins zum einladenden **Rifugio Gattascosa** (1993 m). Dann führt ein viel begangener Weg zur Mulde des **Lago di Ragozza** (1958 m) und hinunter zum sumpfigen Boden der Piana della Rossa. Durch lichten Wald und Beerensträucher folgen wir dem Lauf eines Baches, gelangen auf ein Natursträßchen und erreichen die Kapelle von **San Bernardo** (1630 m). Das letzte Wegstück nach **San Lorenzo** absolvieren wir auf der Aufstiegsroute der Tour 23.

Vom Bognancotal ins obere Antronatal

Der auf beiden Seiten recht steile Pass mit der gut sichtbaren Scharte im Scheitelpunkt war einst eine wichtige Verbindung. Die Pfarreien von San Lorenzo und Antronapiana, die den gleichen Kirchenpatron haben, benutzten ihn auch bei ihren gegenseitigen Besuchen mit Prozessionen. Diese Verbundenheit zeigt sich noch heute beim jährlichen Treffen der beiden Talschaften auf der Passhöhe. In unseren Tagen ist der anstrengende Weg nicht mehr stark begangen. Er ist aber gut unterhalten, und die Orientierung bietet bei gutem Wetter keine besonderen Probleme.

Ausgangspunkt: San Lorenzo (955 m), siehe Touren 22 und 23.
Endpunkt: Antronapiana (908 m), siehe Touren 26, 29 und 30.
Höhenunterschied: Aufstieg 1390 m, Abstieg 1440 m.
Anforderungen: Begangene Alpwege, raue und steile Streckenabschnitte, Markierungen im Aufstieg etwas spärlich. Im Frühsommer liegt im nördlichen Anstieg zum Pass oft lange Schnee.
Einkehr und Unterkunft: Bed and Breakfast »La Casa della Nonna«, Antronapiana, auch mehrere komfortable Wohnungen mit total 20 Betten, Tel. 0324 51892 oder 340 1668100, www.lacasadellanonna.com. Weitere Adressen siehe

Touren 26, 29 und 30. Auf Alpe Fornalino geschlossenes Bivacco, Schlüssel bei der Gemeindeverwaltung Bognanco.
Karten: 285 T Domodossola/284 T Mischabel 1:50.000, Carta Escursionistica Valle Antrona, 1:25.000.
Varianten: Von Cheller im hinteren Zwischbergental über den Pontimiapass (2378 m) nach San Lorenzo, 7–7½ Std. ab Zwischbergen.
Über den Andollapass zur Andollahütte (Tour 30), 5–5½ Std. ab Zwischbergen.
Vom Rifugio Gattascosa zum Rifugio Laghetto, siehe Tour 23.
San Lorenzo–Passo della Preja–Alpe del Gabbio–Cheggio, 8 Std. (Querung zum Rifugio Andolla exponiert, T3/T4).

Alpe und Passo del Fornalino mit Punta della Forcoletta.

Von **San Lorenzo** (955 m) folgen wir der Straße Richtung Tal bis zur ersten Kurve und biegen dann in das wenig befahrene Sträßchen nach **Pizzanco** (1142 m) ein. Hier ist über dem Portal der Kirche der Heilige Luguzzone mit einer Käseform in der Hand dargestellt. Jenseits des Baches führt die Route D 20 den Hang entlang nach Westen und über den Talfluss Bogna. Dort steigt die D 19 im Wald an und erreicht die **Alpe Pezza Lunga** (1174 m), um kurz danach die weithin sichtbare waagrechte Röhre eines

Kraftwerkszuflusses zu queren. Nachher wendet sich der Weg nach rechts, durchquert ein Tälchen und überwindet in steilen Windungen im Wald bis zur Einsattelung unter der **Punta della Forcoletta** (ca. 1950 m) eine beträchtliche Höhendifferenz. Dann steuern wir – anfänglich fast eben – in offenem Gelände die **Alpe Fornalino** (2035 m) an und steigen durch steinübersäte Alpwiesen zum **Passo del Fornalino** (2345 m) auf. Hier werden wir mit einer großartigen Rundsicht belohnt, bevor wir mit dem 850 m tiefer liegenden Stausee vor Augen absteigen. Bis nach der **Alpe Meri Superiore** (1851 m) bleibt der Weg in der Nähe des Bachbettes, dann wendet er sich mehr nach rechts und erreicht die unterhalb des Lago dei Cavalli liegende **Alpe Cheggio** (1497 m) mit dem Albergo-Ristorante Alpino und dem Rifugio Città di Novara. Der Abstieg nach **Antronapiana** (908 m) ist bei Tour 30 beschrieben.

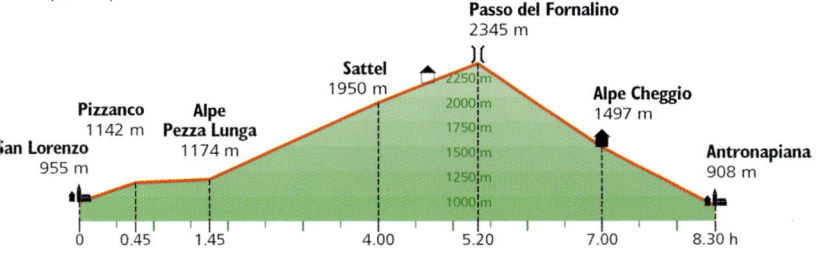

Anspruchsvoller Übergang vom Antrona- ins Anzascatal

Der lange Übergang des Mottone wird in unseren Tagen nur noch wenig begangen, er kannte aber auch bewegte Zeiten. Die breite Mulde von Lavazzero, wo heute im Sommer noch Vieh anzutreffen ist, galt einst als eine der ertragreichsten Alpen des Anzascatales. Im Gebiet der Triveraseen auf der Nordseite war der Boden magerer, aber bis dort hinauf drangen zwischen 1890 und 1945 Bergleute vom Goldgräberdorf der Alpe Trivera auf der Suche nach edelmetallhaltigem Gestein. Unsere Tour führt durch eine großartige und abwechslungsreiche Gebirgslandschaft und berührt alle Vegetationsstufen. Sie ist ausdauernden und orientierungssicheren Berggängern vorbehalten, die neben den eindrücklichen Ausblicken auch die Stille schätzen.

Ausgangspunkt: Antronapiana (908 m), siehe Touren 26, 29 und 30.

Endpunkt: Pontegrande (526 m), siehe Touren 31, 32 und 35.

Höhenunterschied: Aufstieg 1380 m, Abstieg 1760 m.

Anforderungen: Anspruchsvolle und lange Tour mit einigen heiklen Passagen. Bergerfahrung und gute Kondition sind Voraussetzungen, ebenso Trittsicherheit und Orientierungsvermögen. Der Weg ist bezeichnet, aber in großen Abständen. Bei schlechter Sicht nicht zu empfehlen.

Einkehr und Unterkunft: Albergo Ristorante »Lago Pineta« am Lago d' Antrona, Tel. 0324 51808 oder 339 4300523, www.lagopineta.com. Im Anzascatal siehe Touren 31 und 32.

Karten: 284 T Mischabel 1:50.000, Carta Escursionistica Valle Antrona 1:25.000.

Variante: Als einfacherer Übergang ins Anzascatal bietet sich die Colma an (Tour 28, bis zum Ausgangspunkt Tour 26 oder Bus).

Von **Antronapiana** zum **Lago d' Antrona** (1073 m) folgen wir der Fahrstraße und der bei Tour 29 angegebenen Abkürzung. Dort bleiben wir weiter auf der Kraftwerkstraße bis zur Abzweigung »Trivera« auf etwa

1300 m Höhe. Nach den ersten Alphütten steigen wir im Wald an und gelangen nach Überschreitung eines Baches zur **Alpe Colmigia** (1583 m). Wir steuern den Gipfel rechts der Passlücke an, wenden uns auf ca. 1950 m mehr nach links und erreichen durch Steinblöcke und über eine oft feuchte Felsplatte den Übergang zum **Lago di Trivera Inferiore** (2101 m).

Kurz vor der Passhöhe: Ausblick nach Süden.

Vorerst geht es durch Blockgewirr östlich der zwei Seen mühsam weiter, bevor wir an der Flanke des imposanten Pizzo del Ton zum **Passo del Mottone** (2284 m) gelangen. Nun steigen wir nach Süden zu einer kleinen Ebene ab, wo der Lago di Mottone sichtbar wird. Der mit B 10 bezeichnete Weg führt an ihm vorbei und erreicht, einem Bachbett folgend, die noch bewirtschaftete **Alpe Lavazzero** (1964 m). Etwas weiter unten biegt er nahe beim Bach nach Osten in das Val Bianca ein und passiert die verlassenen Alpen von Cortelancio und Lasino. Er ist gut angelegt, verläuft aber meistens steil über der Schlucht und erfordert Aufmerksamkeit. Wir wechseln dreimal die Talseite, bevor wir ab etwa 1100 m definitiv am rechten Ufer und immer höher über dem Talfluss bleiben. Nach einem langen Marschstück treffen wir bei der Kirche der **Madonna del Sassello** (951 m) auf den Weg der Tour 32 und gelangen auf diesem nach **Barzona** (688 m) und zum Endpunkt **Pontegrande**.

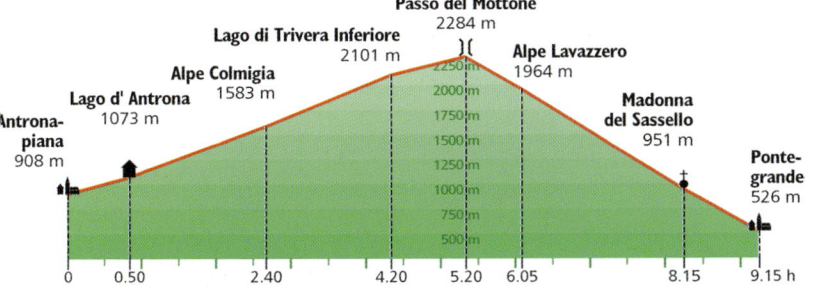

173

Vom Anzascatal zu den Walsern im Landwassertal

Unsere Trekkingroute verlässt die Ossola-Täler ein zweites Mal und erreicht Rimella in der zur Provinz Vercelli gehörenden Alta Valsesia. Im Jahre 1255 gab das Kloster San Giulio auf der Ortaseeinsel drei Walliser Bauern aus Vispertermimen die Alpen Remellju und Al Runt zu Lehen, und in wenigen Jahrzehnten entstand oberhalb des Zusammenflusses des Landwassers und des Endwassers die heutige Gemeinde Rimella mit ihrem guten Dutzend Ortsteilen. Lange konnte sie ihre Eigenständigkeit in der romanischen Umgebung bewahren, und die beiden Flüsse tragen noch die alten Namen. Aber das »Titschu« als Umgangssprache hört man schon lange nicht mehr, und in den letzten Jahrzehnten ging die Zahl der Einwohner von 1400 auf wenige Hundert zurück. Seit einiger Zeit geben die Bestrebungen jüngerer Einwohner und die Initiative Pro Rimella des Tübingers Jörg Klingenfuß dem Dorf neuen Auftrieb.

Ausgangspunkt: Pontegrande (526 m), Haltestelle der Buslinie Domodossola – Macugnaga.

Endpunkt: Rimella (1216 m), Endstation der Buslinie ATAP Varallo – Rimella (Informationen Tel 0158 488437 oder Gratisnummer 800 912716, www.atapspa.it).

Höhenunterschied: Aufstieg 1410 m, Abstieg 720 m.

Anforderungen: Anstrengende, eher wenig begangene Tour. Wege allgemein gut unterhalten und bezeichnet. Im Abstieg anspruchsvolle Stellen, nach starken Regenfällen Variante empfohlen.

Einkehr und Unterkunft: Albergo Fontana in Rimella (VC), Tel. 0163 55200, www.rimella.de. Rifugio dei Walser, Ortsteil San Gottardo, Tel. 0163 55257 oder 338 9761975, www.rifugiowalser.it.

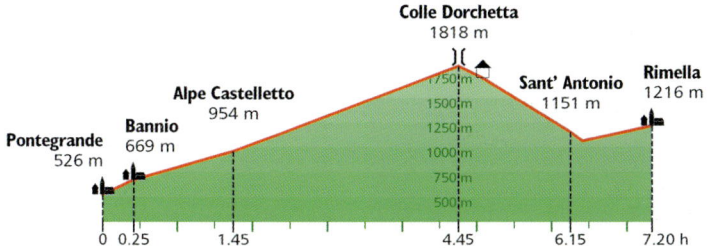

Colle Dorchetta
1818 m

Alpe Castelletto
954 m

Bannio
669 m

Pontegrande
526 m

Sant' Antonio
1151 m

Rimella
1216 m

0   0.25   1.45   4.45   6.15   7.20 h

Hotel La Posta in Fobello (VC) Tel. 0163 561015, E-Mail info@lapostafobello.it. Rifugio Alpe Baranca, Tel. 347 8659385, www.rifugioalpebaranca.com. Not-Biwak des CAI Varallo südlich der Passhöhe.

Karten: 285 T Domodossola 1:50.000, Carta Escursionistica Transfrontaliera Nr. 2 1:50.000, Carta Escursionistica Strà Granda/Valle Anzasca 1:25.000.

Varianten: Ab Alpe del Rio leicht nach Süden ansteigen und über mehrere Alpen auf aussichtsreichem Weg zum Sattel von La Res, weiter nach Belvedere und Abstieg nach Fobello auf Alpweg und Sträßchen, ab Pontegrande 8 Std. Ab Soi di Dentro (Tour 35) auf Sträßchen bis Piè di Baranca und auf Alpweg zum Colle Baranca (1828 m), stärker frequentierter Weg mit schönem Abstieg, Fahrstraße ab Santa Maria, von Pontegrande bis Fabello (873 m) 8½–9 Std. Von Fobello nach Rimella Bus nach 19 Uhr oder Taxi (Tiziano Andreoli, Tel. 339 7892335). Der GTA-Abschnitt zwischen La Res und Roncaccio ist anspruchsvoll (steil und wenige Wegmarkierungen).

Tipp: Die Websites von Jörg Klingenfuß in deutscher Sprache (www.rimella.de, www.valsesia.de, www.gtaweb.de) vermitteln viele wertvolle Informationen.

Kartenausschnitt: Wegverlauf Colle Dorchetta–Rimella: Siehe Karte Tour 49.

In **Pontegrande** steigt man auf der Abstiegsvariante von Tour 35 bis Bannio (669 m) auf, nimmt später das Sträßchen ins Tal hinunter und erreicht – nun auf der Aufstiegsroute von Tour 35 – die Abzweigung nach dem Bachübergang oberhalb der **Alpe Castelletto** (954 m). Auf gutem, aber recht steilem Weg im Wald passieren wir die bewirtschaftete Alpe Dorchetta und gelangen zum gut sichtbaren Einschnitt des **Colle Dorchetta** (1818 m).

Im Abstieg wechseln wir unterhalb der Alpe Rio zum westlichen Bachufer und wählen die dem Fluss folgende Route. Bis zur Alpe Fardale (1429 m) steigen wir durch Sträucher und Steinblöcke ab und bleiben immer etwa in gleicher Distanz zum Bach. Dann wird dieser überschritten, und es folgt das anspruchsvollste Wegstück der Tour. Die Spur bleibt oft nahe beim Wasser und ist stellenweise abschüssig. An einzelnen Stellen braucht es Trittsicherheit und etwas Mut. Nach **Sant' Antonio** (1151 m) wird ein Sträßchen erreicht, das in einer Spitzkehre in die von Varallo kommende Fahrstraße einmündet. Wir steigen auf dieser einige 100 m an und biegen dann in einen Fußweg Richtung Kirche ein. Das Albergo Fontana liegt im Ortsteil Tser Chilchu von **Rimella**.

Auf den Spuren eines legendären Totengeleites

Schon bald nach der Besiedelung von Rimella dehnten die einge-wanderten Saastaler ihr Weidege-biet ins hintere Stronatal aus und gründeten dort im 14. Jahrhundert die Tochterkolonie Kampel. Aber erst 1551 erhielt das heutige Cam-pello Monti eine eigene Kirche und einen Friedhof. Die Toten mussten über die Ströner Furku nach Rimel-la zur Beerdigung getragen wer-den. Bei Todesfällen im Winter be-wahrte man sie im Schnee auf.

Unsere Passwanderung verläuft auf einem Teilstück der GTA und war der Verbindungsweg zwischen den beiden Walsersiedlungen, welche – umgeben von romani-schem Gebiet – ihre Sprache und Kultur bis ins letzte Jahrhundert hinein bewahrten. Die Tour ist ein besonderes Erlebnis in einer ein-drücklichen Landschaft.

Im Abstieg nach Campello Monti.

Ausgangspunkt: Rimella (1216 m), Endstation der Buslinie ATAP, siehe Tour 48.
Endpunkt: Forno/Valstrona (892 m), Endstation der Kleinbuslinie ab Omegna, Tel. 0323 87022, www.vcoinbus.it.
Höhenunterschied: Aufstieg 710 m, Abstieg 1030 m.
Anforderungen: Bezeichnete Bergwege.
Einkehr und Unterkunft: Locanda »Alla Vetta del Capezzone« in Campello Monti, 3 Zimmer, Tel. 0323 885113.
Albergo del Leone in Forno, Tel. 0323 885112, www.albergodelleone.it.
Bed and Breakfast »Il Tiglio« in Forno, Tel. 0323 885148 oder 339 2988893, www.iltiglio-valstrona.it.
Karten: 284 T Mischabel/285 T Domo-dossola 1:50.000, Carta Escursionistica Transfrontaliera Nr. 2 1:50.000, Carta Es-cursionistica Strà Granda/Valle Anzasca 1:25.000.
Varianten: Bezeichneter Umweg über San Gottardo. Bei Schneeschmelze und nach Regenfällen Benützung der Fahr-straße ab Campello Monti empfohlen.

Der Weg vom Kirchplatz **Rimella** aus kreuzt das Sträßchen nach dem sehenswerten San Gottardo zweimal und folgt ihm dann ein Stück weit. Dann zweigt er nach oben ab und erreicht das Kreuz bei der **Posa dei Morti** (1395 m), walserdeutsch Töturaste, wo während 200 Jahren der Pfarrer und die Gemeinde von Rimella die Trauerzüge mit den Verstorbenen aus Campello Monti erwarteten. Der Weg verläuft oberhalb der Alpen Wan und Werch, holt nach rechts zur Alpe Pianello aus und erreicht die

Ströner Furku/Bocchetta di Rimella (1924 m). Hier kommt man in den Genuss einer großartigen Aussicht zum Monte Rosa, die durch einen Aufstieg auf den Kamm in Richtung Punta del Pizzo (2232 m) noch gesteigert werden kann (T3). Im Abstieg taucht unvermutet das nur noch im Sommer bewohnte Dorf **Campello Monti** (1305 m) mit der stattlichen Kirche San Giovanni Battista auf. Von hier verläuft die GTA am rechten Ufer der Strona bis zu den Häusern von Faldo, überquert den Fluss auf einem luftigen Brücklein und mündet oberhalb von Piana di Forno in die Fahrstraße ein. Nach der Kirche führt eine Spur in die Wiesen hinunter, und wir stoßen in der Nähe des Flusses bald auf den alten Weg zum Dorf **Forno**.

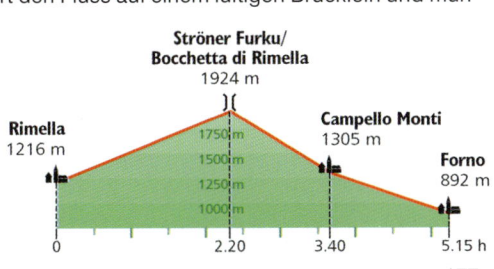

Ströner Furku/
Bocchetta di Rimella
1924 m

Rimella
1216 m

Campello Monti
1305 m

Forno
892 m

1750 m
1500 m
1250 m
1000 m

0   2.20   3.40   5.15 h

Der alte Weg durch das Tal der Holzlöffel

Auch im Valle Strona reichte der Ertrag aus der Alpwirtschaft nicht aus, um alle zu ernähren. So waren schon im ausgehenden Mittelalter Valstronesen als Wanderhandwerker in den Städten ganz Europas anzutreffen. Im 15. Jahrhundert entstanden an Wasserläufen die ersten »mulini«, in denen Holzlöffel (»cazzui«) hergestellt wurden. Sie waren die Vorläufer der kleinen und kleinsten Familienbetriebe, die noch heute jährlich Millionen von Holz- und Metallartikel in die ganze Welt exportieren. Wer durch dieses Bergtal wandert, ist überrascht von den schönen Dorfbildern und von den Villen und Palazzi, die sich Kleinunternehmer und reich gewordene Heimkehrer bauen ließen.

Ausgangspunkt: Forno (892 m), Endstation der Kleinbuslinie von Omegna her (nur wenige Kurse pro Tag), Tel. 0323 87022, www.vcoinbus.it.
Endpunkt: Omegna (298 m), Bahnstation der Linie Domodossola–Novara, Bus zum Bahnhof Verbania Pallanza.
Höhenunterschied: Aufstieg 150 m, Abstieg 750 m.
Anforderungen: Gut angelegte und markierte Wege, zum Teil wenig befahrene Naturstraßen.
Einkehr und Unterkunft: Bars in einigen Dörfern, Hotels in Omegna, Tel. Pro Loco 0323 61930, www.proloco.omegna.vb.it.
Karten: 285 T Domodossola 1:50.000, Carta Escursionistica Transfrontaliera Nr. 2 1:50.000.
Varianten: Von Massiola, Luzzogno und Chesio führen markierte Übergänge zum Rifugio Cortevecchio ob Ornavasso (Tour16), je 4½–5 Std, plus 1 Std. bei Einbeziehung des Monte Massone (2161 m).
Tipp: Informationen zum Tal: www.commune.valstrona.vb.it. In Forno Holzhandwerkmuseum, Tel. 0323 885133.

In **Forno** führt die Mulattiera vom Kirchplatz durch die Via Dante in den Talgrund, wo wir bis ca. 500 m nach den Häusern von Rosarolo die Fahrstraße benützen. Hier steigen wir auf der Route Z 0 zu einer gedeckten Wasserleitung auf und folgen ihr – zeitweise auf Sträßchen – bis **Massiola** (772 m). Vom erhöhten Rastplatz bei der Kirche führt der Weg in einen Graben und steigt zur Straße von **Inuggio** (802 m) auf. Dieser folgen wir bis zur Kapelle Cerei und nehmen dort den etwas höher verlaufenden alten Weg, der mit schönen Ausblicken nach **Luzzogno** (718 m) führt. Wir überqueren den

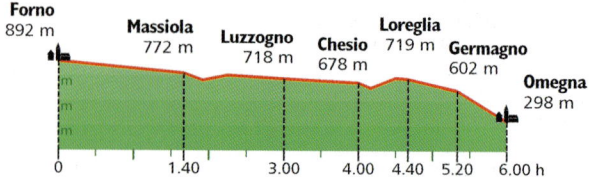

Map labels:

Forno 892
Otra
Rosarolo 790
Alpe Pero 1416
Alpe Nuova
1811
Alpe Torriggia 1673
Alpe Frera 1416
Poggio Croce 1765
Monte Cerano 1702
Alpe Morello 1242
Alpe Colla 1287
Pedemonte
Arzo 442
Alpe Loccia 1107
Monte Zuccaro 1334
Alpe Quaggione 1150
Casale-Corte Cerro
Massiola 772
Inuggio 802
Luzzogno 718
Chesio 678
Loreglia 719
Montebuglio 495
Ramate
Sambughetto 766
Fornero
Strona 525
Gattugno
Germagno 602
Crusinallo
Campello 863
Omegna 298
Quarna Sopra 913
Cireggio
Lago d'Orta

Bach unterhalb der Wallfahrtskirche von Colletta und erreichen auf einer leicht sinkend verlaufenden Naturstraße **Chesio** (678 m). Von hier führt die Zufahrtsstraße zur Brücke über den Rio Bagnone hinunter, wo wir kurz die rechts aufsteigende Straße benutzen. Bei einer Treppe beginnt der etwas verwilderte alte Talweg, der uns ziemlich steil ins Zentrum von **Loreglia** (719 m) bringt. Nach der etwas höher liegenden Barockkirche San Gottardo bleiben wir auf der meist schattigen Nebenstraße bis **Germagno** (602 m). In der Kurve nach dem Dorfzentrum kann eine Abkürzung genommen werden, bevor nach der nächsten Straßenkurve der alte Talweg rechts abzweigt. In angenehmem Gefälle führt er durch den Wald und erreicht bei einer Kapelle die Fahrstraße im Tal.

Da der bald darauf abzweigende alte Weg nicht mehr begangen wird, bleiben wir ungefähr 1,5 km weit auf der ziemlich belebten Talstraße. Nach der Brücke über die Strona geht es geradeaus zur Bushaltestelle Piazza Beltrami in **Omegna**, unmittelbar neben der romanischen Kirche Sant' Ambrogio.

Die Tradition des Holzhandwerks reicht im Val Strona bis ins Mittelalter zurück.

Spektakuläre Wanderung über einen alten Saumpfad

Die Passhöhe von Süden mit der Statue der Madonna.

Besonders vor der Erschließung des Simplonpasses spielte der Saumweg über den Monte-Moro-Pass für den Warentransport und den Viehhandel zwischen dem Wallis und Italien eine wichtige Rolle und verhalf der Walsersiedlung Macugnaga/Z'Makana zur Stellung als bedeutender Marktort bis ins 17. Jahrhundert. Der heutige Wanderweg folgt weitgehend dem zum Teil spektakulär angelegten Passübergang aus früherer Zeit. Er ist ein Teil des ausgedehnten Wegnetzes, das alle Walsersiedlungen zwischen dem Wallis, den norditalienischen Tälern bis zum Kleinen Walsertal an der deutsch-österreichischen Grenze miteinander verbunden hat und heute als Wanderwegnetz wieder entdeckt wird.

Ausgangspunkt: Mattmark (2200 m), Endstation der Postautolinie 12.513 Saas Grund – Saas Almagell – Mattmark.
Endpunkt: Macugnaga Pecetto (1362 m), Endstation der Buslinie Domodossola – Macugnaga.
Höhenunterschied: Aufstieg 650 m, Abstieg 1490 m.
Anforderungen: Gut bezeichnete und markierte Alp- und Bergwege, teilweise in felsigem Gelände. Vor und auf der Passhöhe liegt auch im Sommer oft noch Schnee. Der Abstieg nach Macugnaga ist streckenweise steil.
Einkehr und Unterkunft: Restaurant Mattmark beim Staudamm, Tel. 0041 27 9572906. Rifugio CAI Gaspare Oberto,

Passo del Monte Moro, Tel. 0324 65544 oder 349 3624403, www.montemoro-pass.it (offen vom 15. Juni bis 15. September und während der Skisaison).
Hotel Signal im Ortsteil Pecetto, Tel. 0324 65142, www.hotelsignal.it.
Karten: 284 T Mischabel 1:50.000.
Varianten: Zugang ab Saas Almagell (1670 m) bis Mattmark auf gutem Wanderweg, 2 Std. Ab Staudamm Mattmark über P. 2560 nach Tälliboden, 3 Std.
Vom Monte-Moro-Pass zur goldenen Statue Madonna della Neve über steilen, aber gut gesicherten Felsweg, ca. 30 Min.
Beim Abstieg oberhalb der Alpe Bill in Richtung Osten zur Alpe Sonobierg und über Meccia nach Macugnaga Staffa.

Über den **Staudamm Mattmark** (2200 m), dem größten aus Geröllmaterial und Naturstein erbauten Europas, gelangen wir zu P. 2203 und folgen dann auf brei-

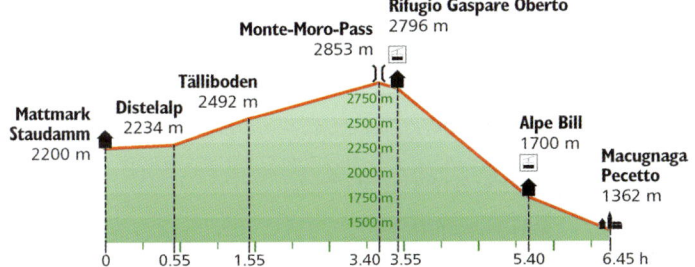

tem Weg fast ebenwegs dem rechten Seeufer bis zur **Distelalp** (2224 m). Hier beginnt der Bergweg zu steigen und erreicht in offenem Gelände den **Tälliboden** (2492 m). Nun leitet uns der Weg direkt in die Felsen hinein, steigt steil an und führt bald danach über Felsplatten in die Höhe zum **Monte-Moro-Pass** (2853 m). Unterwegs staunen wir immer wieder, dass über diesen Weg einst Vieh geführt wurde. Nach der Passhöhe steigen wir weiterhin in felsigem Gelände zum gastlichen **Rifugio Gaspare Oberto** (2796 m) ab.

Der weitere Abstieg verläuft auf schmalem Pfad mehr oder weniger in der Falllinie, fast immer in Sichtweite zur Seilbahn, die wir auch zweimal kreuzen, bevor wir die Mittelstation auf der **Alpe Bill** (1700 m) erreichen. Hier zweigen wir nach Nordwesten ab, zunächst praktisch der Höhenkurve folgend, dann im steilen Gelände in zahlreichen Serpentinen in Richtung Süden, ständig an Höhe verlierend, zumeist durch dichten Wald. Wo dieser sich lichtet, gewähren sich uns schöne Blicke auf den Talboden und die gegenüberliegenden Berge und Alpen. Bald danach erreichen wir **Macugnaga-Pecetto**.

Vom Anzascatal ins Prismell

Im 13. Jahrhundert besiedelten die Walser von Macugnaga und Gressoney her den obersten Teil der Valsesia und nannten ihn Prismell. Das heutige Alagna hieß »Im Land« oder »Lannju«. 200 Jahre später begannen die Männer einen zusätzlichen Erwerb als Maurer und Steinhauer nördlich der Alpen zu suchen. Die Talentiertesten unter ihnen gingen als Prismeller Baumeister in die Kunstgeschichte ein. In der Schweiz zählen das Luzerner Rathaus, der Stockalperpalast in Brig und die Kirchen von Raron und Ernen zu ihren Werken. Ein besonderes Erlebnis dieses langen Passüberganges ist das Wandern auf dem bequemen Militärweg, den das Battaglione Intra der Alpini in den Jahren um 1930 angelegt hat.

Ausgangspunkt: Macugnaga Staffa/Z'Makana (1307 m), Station der Buslinie Domodossola–Macugnaga Pecetto.

Endpunkt: Alagna Valsesia/Im Land (1190 m), Endstation der Buslinie ATAP von Varallo her (Info: Tel. 015 8488437 oder Gratisnummer 800 912716, www.atapspa.it).

Höhenunterschied: Aufstieg 1510 m, Abstieg 1630 m.

Anforderungen: Langer und oft steiler Weg, großer Höhenunterschied. Anfänglich auf Sträßchen. im Frühsommer noch lange Schnee.

Einkehr und Unterkunft: Bivacco Emilio Lanti (2125 m) oberhalb Alpe Schena, 9 Schlafplätze (Info: Azienda di Promozione Turistica Macugnaga, Tel. 0324 65119,

---

Map labels:

0   1 km   2 km

Macugnaga Staffa
Quarazza 1309
Punta C. Battisti 2754
Pizzo Nero 2738
Pizzo Bianco 3215
Valle Quarazza
La Piana 1613
Alpe Schena 2037
Punta Grober 3497
Punta Rizzetti 3196
2125 Bivacco Emilio Lanti
Cima di Faller 3128
Colle del Turlo 2738
Corno Piglimo 2894
Alpe Faller 1984
Alpe Grafenboden
Corno Mud 2802
Alpe Pile 1575
Rif. Pastore
Sant'Antonio 1391
Alpe Vorco
Colle Mud 2324
Alpe Mud
Monte Tagliaferro 2964
Merletti 1271
Alpe Campo
Bocchetta di Moanda 2422
Pedemonte
Cima Carnera 2741
Alagna Valsesia 1190

Turlopass, kurz vor der Passhöhe.

www.commune.macugnaga.vb.it).
Rifugio Pastore CAI auf Alpe Pile (1575 m),
Tel. 0163 91220, www.rifugimonterosa.it.
Hotels in Alagna (Info: Pro Loco Alagna
Valsesia, Tel. 0163 922 988), www.
alagna.it).

Karten: 5028 T Monte Rosa/Matterhorn
(Zusammensetzung Karten 274/284/294)
1:50.000.

Variante: Von Alpe Schena über den
Colle della Bottigia (2607 m) und das Rifugio Alpe Massera (2082 m) nach Car-
coforo (1304 m); Teilstück des alten Pil-
gerweges der Walliser zum Sacro Monte
von Varallo.

Kartenausschnitt: Siehe auch Tour 33.

Von **Macugnaga Staffa** (1307 m) folgen wir der Tour 33 bis **Quarazza** (1309 m)
und wandern nahezu eben weiter bis zur »città morta«, den Ruinen der ehemaligen Goldgräbersiedlung. Nun steigt der Weg stärker an, und ab La Piana
(1613 m) folgt ein steiles Streckenstück mit Serpentinen zur **Alpe Schena**
(2037 m). Nach einer erholsamen Phase über die obersten Weiden erreichen
wir im Schlussanstieg durch steile Fels- und Geröllhänge den **Colle del Turlo**
(2738 m). Ein schmaler Durchgang zwischen zwei Felsblöcken eröffnet uns den
Blick in die Valsesia und lässt uns die walserische Bezeichnung des Passes be-
greifen. Auf dem Abstieg zur **Alpe Faller** (1984 m) entdecken wir die überwach-
senen treppenartigen Abschnitte des alten Passweges. Dort wenden wir uns in
Richtung Südwand des Monte Rosa und erreichen durch schattigen Wald das
Rifugio Pastore des CAI Varallo auf **Alpe Pile** (1575 m). Auf dem Fahrsträßchen
gelangen wir nach **Alagna Valsesia** (1190 m), wo besonders der alte Dorfteil
Pedemonte mit dem Walsermuseum sehenswert ist.

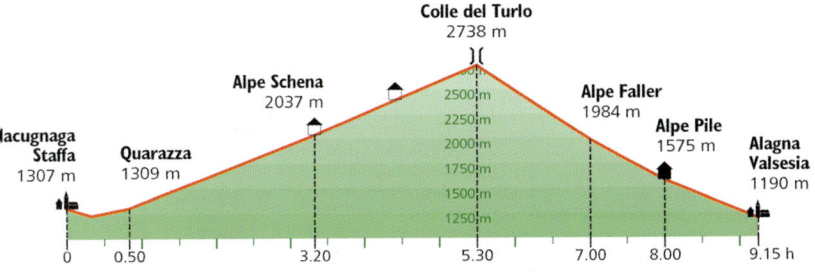

Stichwortverzeichnis

Impressum

Umschlagbild:
Alpe Balma im Naturpark Veglia. Am Horizont rechts die Bortellicke.

Bild im Innentitel:
Auf der A 38 zwischen Ai Curt und Colloro.

Bildnachweis (Seitenzahlen):
Archivio APT (50, 76, 141), Archivio Lara Pessina (42, 62, 135), Anna
Maria Bacher (55), Renato Bavagnoli (51), Elisabeth Boschetti (12), Renato
Boschi (138, 147), Toni Buchli (173), Sergio Cerutti (37), fotorobertobian-
chetti.com (45), Claudio Chiandusso (Umschlagbild, 21, 46, 48, 56/57, 88,
120, 123), Marlene Ducret (31, 39, 73, 77), Renato Falcetti (179), Robert
Fauchez (161), Ueli Fischer (25, 183), Andrea Forni (33), Jörg Frei (102),
Angelo Ghibaudo (28), Bernhard Herold Thelesklaf (93), Christoph Hof-
mann (154), Paul Kaltenrieder (52, 66, 69, 70), Felix Kieffer (12), Giancarlo
Martini, publiziert im Buch Andar per laghi, 2003 Tararà Edizioni (7, 13, 47,
87, 116, 125, 132, 136), Pier Franco Midali (128), Marina Morandini (112),
Eduard Obrist (176), Luciano Pidò (27), Alessandro Pirocchi (105), Paolo
Pirocchi (49, 104), Roberto Pogliana (170), Valerio Sartore (111, 167),
Marco Sonzogni (10), Attilio Venturato (107), Stefan Vögeli (162, 165),
Josef Ziegler (144). Alle anderen Bilder stammen von den Autoren.

Kartografie:
52 Wanderkärtchen im Maßstab 1:50.000/1:100.000
© Bergverlag Rother GmbH, München
(gezeichnet von Barbara Häring, Gröbenzell)
Übersichtskarte im Maßstab 1:500.000
© Freytag & Berndt, Wien

Die Ausarbeitung aller in diesem Führer beschriebenen Wanderungen
erfolgte nach bestem Wissen und Gewissen der Autoren.
Die Benützung dieses Führers geschieht auf eigenes Risiko.
Soweit gesetzlich zulässig, wird eine Haftung für etwaige Unfälle
und Schäden jeder Art aus keinem Rechtsgrund übernommen.

3., vollständig neu bearbeitete Auflage 2012
© Bergverlag Rother GmbH, München

ISBN 978-3-7633-4014-9

Wir freuen uns über jeden Korrekturhinweis zu diesem Wanderführer!
BERGVERLAG ROTHER · München
D-82041 Oberhaching · Keltenring 17 · Tel. (089) 608669-0
Internet www.rother.de · E-Mail leserzuschrift@rother.de

Willkommen in den Tälern der Ossola

Albergo Ristorante
AALTS DORF

Ortsteil Riale, 28863 Formazza
℃ 0324 634 355 / 329 125 74 17
www.aaltsdorf.it · E-Mail: aaltsdorf@tiscali.it
*Schön gelegenes neues Hotel in der Hochebene
oberhalb des Tosafalls. Idealer Stützpunkt für
Wanderer, Langläufer und Skitouristen.*

Ristorante Pizzeria
CISTELLA

Ortsteil Croveo, 28861 Baceno
℃ 0324 62 085
E-Mail: cistellacroveo@gmail.com
*Das gastliche Haus im ursprünglichen Deverotal.
Einheimische Küche, große Vorspeisenauswahl.
Schöner Saal für Gruppen. Montag Ruhetag.*

Albergo Ristorante EDELWEISS

Ortsteil Viceno, 28862 Crodo
℃ 0324 618 791, Fax 0324 600 001
www.albergoedelweiss.com

*Familienbetrieb in aussichtsreicher Lage auf
900 m ü.M. Gastronomische Küche, Lift,
Hallenbad mit Wellnesszentrum.
Spezielle Weekend- und Wochenprogramme.*

Albergo Ristorante
DA CECILIA

Ortsteil Graniga, 28842 Bognanco
℃ / Fax 0324 234 166
www.albergodacecilia.com
E-Mail: info@albergodacecilia.com
*Kleines Hotel in aussichtsreicher Lage. Bekannte
Küche mit hausgemachten Spezialitäten.
Das ganze Jahr geöffnet, Dienstag Ruhetag.*

Rifugio
IL DOSSO

Alpe Arza (1740 m), 28842 Bognanco
℃ 0041 79 862 09 36 / 347 709 32 95
www.rifugioildosso.it
E-Mail: mellasimone@libero.it
*Neubau, 6 Zimmer mit WC/Dusche.
An den Routen 23, 24 und 45. Geöffnet vom
15. Juni bis 15. September, sonst am Wochenende.*

B+B CASA DELLA NONNA

28841 Antronapiana
℃ 0324 51 892 / 348 723 99 44
www.lacasadellanonna.com
E-Mail: info@lacasadellanonna.com

*Das gut eingerichtete Haus der Familie
Farioli liegt im Naturpark Alta Valle
Antrona. Günstiger Stützpunkt für
zahlreiche Wanderungen.*